真实情境下素养为本的高中化学教学策略

唐 永 主编

中国科学技术大学出版社

内容简介

本书研究总结了真实情境下素养为本的高中化学教学策略，对课堂教学中基于素养目标如何创设有效的真实问题情境，如何建构认知模型发展学生高阶思维，如何设计外显素养的学生活动，如何应用化学"三重表征"提升学生学科素养，如何落实素养目标的教学设计，如何体现"教、学、评"一致性等一系列教师普遍关注的新课程课堂教学热点问题进行详细阐释，理论联系实际，提出了教学实施策略，对新课程高中化学落实素养为本的教学具有一定的指导意义。

本书可供教师在教学实践中开展教学设计及课堂教学过程参考应用，也可供相关人员阅读。

图书在版编目(CIP)数据

真实情境下素养为本的高中化学教学策略/唐永主编. —合肥：中国科学技术大学出版社，2023.12

ISBN 978-7-312-05818-9

Ⅰ. 真… Ⅱ. 唐… Ⅲ. 中学化学课—教学研究—高中 Ⅳ. G633.82

中国国家版本馆 CIP 数据核字(2023)第 252342 号

真实情境下素养为本的高中化学教学策略

ZHENSHI QINGJING XIA SUYANG WEI BEN DE GAOZHONG HUAXUE JIAOXUE CELÜE

出版	中国科学技术大学出版社 安徽省合肥市金寨路 96 号，230026 http://press.ustc.edu.cn https://zgkxjsdxcbs.tmall.com
印刷	安徽省瑞隆印务有限公司
发行	中国科学技术大学出版社
开本	710 mm×1000 mm　1/16
印张	7
字数	144 千
版次	2023 年 12 月第 1 版
印次	2023 年 12 月第 1 次印刷
定价	50.00 元

编委会

主　编 唐　永

编　委（以姓氏笔画为序）

王　军　王　洁　白珊珊　刘　卉
李亭亭　杨　颂　杨雯雅　吴国庆
汪　杰　张　帆　张　勤　张义艳
张兴苗　陈一玲　周春春　郝升华
徐　瑞　葛　焱　程　浩

前　言

　　基础教育改革成功的一个重要因素是教师教学理念的转变以及教师对课标的领悟、对课程的理解、对新教材的创新灵活使用，如何基于学科知识的教学培养学生的学科思维与解决问题的能力，提升学生的学科素养，实现素养为本的课堂教学，是当前新课程改革共同关注的焦点问题。新课程彻底改革了以教师教为中心、以知识的获取为本、以考试分数为评价目标的被动传授式教学，实现了教育的跨越，倡导学科知识是学科育人的载体，知识承载着育人功能，注重知识获取过程中学生的丰富体验、感悟与认知，在学习过程中逐步形成能够适应终身发展和社会发展需要的必备品格和关键能力以及正确的价值观。立德树人是教育的根本目标，课堂教学需要体现学生生命的成长，包括学生的思想、思维、认识、实践创新等的全面发展，这就要求教师的课堂教学从单一关注知识而转向学生素养，帮助学生建构学科思维、学科方法、学科观念，实现课堂教学转型。然而，从理念到实践是一个艰难的过程，需要教师认识、实践、再认识、再实践的不断反复与反思，一方面，必须从教学思想上发生彻底变化；另一方面，要研究新的教育思想下的教学方式、教学艺术策略，这是广大教师存在的瓶颈问题，通过课堂观察及区域调研，我们梳理了关于新课程新教材指向真实情境下素养为本的高中化学教学策略，分别从真实教学情境创设的教学策略、真实问题情境的教学策略、建构认知模型的教学策略、外显素养的学生活动设计策略、彰显"三重表征"的教学策略、素养为本的教学设计、化学观念建构的教学策略、化学传统文化育人策略、教学评一体化教学策略、新课程价类二维认知模型教学策略十个方面分组开展高中化学基于素养为本的课堂教学理论思考与实践研究，从问题的提出到解决问题的构思设想再到课堂观察课例研究，形成新课程素养为本的课堂教学的系统性认知和实践操作方法，再运用策略开展教学实践，再反思、再提炼，经过为期三年的区域研究，形成具有一定理论与实践操作的成果，为大家在教学实践中参考或继续深入研究探讨提供一定的思路。

　　知识的产生是有源泉和背景的，教学过程是基于学生已有的经验开展的，学习的过程就是在真实的情境中不断发现问题、寻求解决问题的策略，而解决问题的过程就是学生思维发展的过程，学生应用假设、推理、演绎、归纳、实验等方法获取问题结论的过程就是认识进阶与素养发展的过程。因此，以"立德树人"为目标,发展学生学科核心素养,教师必须深度理解新课程下课堂教学的内容,从学生成长的需求出发,研究适合学情的新的教学策略,要把课标、教材内容、学生学习融为一体,以真实问题情境激发学生思维,以问题及问题的解决为驱动,通过挑战性活动任务的体验与实践,帮助学生建构结构化知识体系,实现对科学研究过程的逻辑思维的形成以及对世界事物认识的进阶。

  由于教师对课标、课程及新教材的理解还需要一个在实践中消化的过程,因此,课程改革进入深水区是课堂教学的转型。当下,一线教师对素养为本的课堂教学、单元整体教学、探究性教学、建构认知模型教学、问题情境教学、基于大概念和大观念教学、教学评一体化教学、化学学科的价类二维模型和三重表征教学等课改中的热词并不陌生,而深入理解并能在教学中灵活创新应用,真正体现以学生丰富学习体验活动为中心,落实学科核心素养的教学还有很长的路要走。长期进行知识本体的教学,固化了教师的思维,教学思想的转变和教学方式的变革是存在难度的,课堂教学中教师存在一系列困惑的问题,如教学进度与学生学习活动、考试分数与教学改革、过程性评价问题、有效教学情境的来源、师生的沟通交流、学生程度的参差不齐、素养目标的确立、学生素养水平的诊断、大概念或大观念的提炼等,给教师的课堂教学带来极大挑战,面对这些问题,教师群体表现各异,有的积极参与研究学习、反思实践,很快成为课程改革的领头羊;有的随改革大潮往前走;而有的则原地踏步。当前,我国推进学生发展核心素养,以培养全面发展的人为核心的课程改革,是基于国际视野和我国发展对人才的要求,作为承担教育重任的教师,应义不容辞投入改革,深入研究课程、研究学生、研究课堂教学,通过自我研修、培训学习、专家引领、校本教研等方式快速提升自我素养,成为践行新课程的合格乃至优秀教师。伴随高中化学课程改革,我们高中化学名师工作室全体成员互学共研、携手努力,以课标为导向,围绕不同的主题,指向同一个中心学生学科核心素养发展,开展了育人为本的课堂教学多元化研究,形成理论领悟、理念转变、明确主题、设计教学、精心打磨、实践评价、反思重构、再次打磨、实践再评价、总结策略、送培送教辐射引领的研究模式,促进了区域教师专业成长,总结提炼了指向真实情境下素养为本的高中化学教学策略的课堂教学研究成果,以期与从事高中化学教学的同仁们一起对新课程的课堂教学转型进行研究,让核心素养在课堂落地生根、开花结果。

2023 年 6 月

目　　录

前言 ·· （i）

第一章　真实教学情境创设的教学策略 ·· （1）
- 第一节　化学教学中真实情境创设概述 ··· （1）
- 第二节　如何有效地创设教学情境 ·· （6）

第二章　真实问题情境的教学策略 ·· （11）
- 第一节　问题情境教学概述 ··· （11）
- 第二节　真实问题情境在高中化学教学中的作用 ···································· （11）
- 第三节　真实问题情境的教学策略 ··· （13）
- 第四节　真实问题情境下的教学案例 ·· （15）

第三章　建构认知模型的教学策略 ·· （24）
- 第一节　几个概念的理解 ·· （24）
- 第二节　认知模型建构过程 ··· （25）
- 第三节　建构认知模型的教学策略 ··· （26）

第四章　外显素养的学生活动设计策略 ·· （29）
- 第一节　中学化学外显素养的内涵 ··· （29）
- 第二节　学生活动中彰显外显素养的培养 ··· （31）
- 第三节　教学过程案例分析 ··· （33）

第五章　彰显"三重表征"的教学策略 ·· （40）
- 第一节　化学"三重表征"的内涵 ··· （40）
- 第二节　高中化学"三重表征"思维方式的培养策略 ····························· （43）
- 第三节　"三重表征"课堂教学案例分析 ··· （45）

第六章　素养为本的教学设计 ··· （54）
- 第一节　素养为本的教学策略应用设计模式 ··· （54）
- 第二节　素养为本的教学设计策略 ··· （55）

第七章　化学观念建构的教学策略 ·· （59）
- 第一节　建构化学基本观念的策略和意义 ··· （59）
- 第二节　基于"元素化合物"知识教学策略建构化学观念 ······················ （63）

第八章　化学传统文化育人策略……………………………………（71）
第一节　关于化学传统文化育人概述………………………………（71）
第二节　基于传统文化的单元教学案例分析………………………（76）

第九章　"教、学、评"一体化教学策略……………………………（81）
第一节　"教、学、评"一体化的内涵………………………………（81）
第二节　实施"教、学、评"一体化教学策略………………………（84）

第十章　新课程价类二维认知模型教学策略………………………（87）
第一节　价类二维认知模型理论概述………………………………（87）
第二节　价类二维认知模型在教学中的应用策略…………………（89）

参考文献………………………………………………………………（102）

第一章 真实教学情境创设的教学策略

第一节 化学教学中真实情境创设概述

《辞海》将"情境"定义为:"一个人在进行某种行动时所处的特殊背景,包括机体本身和外界环境因素。"许多学者曾对教育中的情境做出过解释,在这里选取几例供大家参考。克拉森认为教育中的"情境"是连接课程中要求学生掌握的科学概念、技能、方法、态度等,或是科学知识产生的背景、环境,学生熟悉的场景,作用是使整体的意义变得更加明了。克拉森描述的"情境"是广义的情境。在课堂教学的范畴里,王祖浩等把"情境"定义为:"情境通常是指教学情境或学习情境,是指教师在教学过程中运用各种手段和方式创设的一种适教和适学的情感氛围,从而为完成教学目标和任务奠定基础。"本章所讨论的"情境"指的是课堂教学中的情境。"境"是教学环境,它既包括物质环境,如教室的陈设与布置,学校的卫生、绿化等,也包括制度和精神因素构成的课堂环境氛围。在化学课堂教学中,教学情境是指教师根据教学内容所创设具体情境的认知逻辑、情感、行为、社会的发展等方面背景的综合体。

一、《普通高中化学课程标准》(2017年版,2020年修订)中"情境素材建议"内容特点及使用建议

《普通高中化学课程标准》(2017年版,2020年修订)(以下简称《课程标准》)中提出:"重视以学科大概念为核心,使课程内容结构化,以主题为引领,使课程内容情境化,促进学科核心素养的落实。"在课程标准中必修课程和选择性必修课程的主题中都增加了"情境素材建议"内容,提出了与各个主题教学内容相适应的情境素材,与"教学策略""学习活动建议"一起组成了对主题教学的"教学提示",表明具体而真实的教学情境在促进学科核心素养落实的教学过程中必不可缺,是化学教学的要素之一。分析"情境素材建议",可看出其主要有以下三个特点:

1. 情境素材分布学科性指向明显

课程标准中情境数量和比例体现出"三多三少"的特点。第一,从情境素材的

分类来看,社会类、生活类、工农业生产类、化学史类情境素材数量较多(共占77.04%),实践类、自然类情境素材数量较少(共占16.39%)。第二,从情境数量在主题中的分布来看,必修课程的各主题提供的情境素材相对较多(题均素材数为17.2个),选修性必修课程各个主题提供的情境素材相对较少(题均素材数为10.8个)。第三,从情境数量在不同类型化学内容中的分布来看,实验、元素化合物和社会等与STSE(科学、技术、社会、环境)联系紧密的化学内容主题(如化学科学与实验探究、常见的无机物及其应用、化学与社会发展等)中提供的情境素材较多(题均素材数为19个),而化学原理性内容主题(如原子结构与元素的性质、烃及其衍生物的性质与应用等)中提供的情境素材较少(题均素材数为11.3个)。"三多"特点集中反映了化学学科情境对生产、生活、研究的关注,体现了化学学科与STSE紧密联系的学科性指向:必修课程主题多与STSE紧密联系,内容较为零碎,相应建议的情境素材种类和数量较多,这为丰富多样的教学设计提供了多样化参考;"三少"反映了有些主题知识结构体系较为完整,理论性较强,直接与STSE的联系不明显,其情境素材建议也相应较少。另外,实践类情境较少(8.74%)的原因可能是课程标准未将常见、数量众多的化学实验等实践类情境素材纳入其中(如学生必做实验等)。

2. 情境素材结构表述较为简单

从化学教学情境的5个结构特征来看,课程标准提供的情境素材表述较为简单。如铁的情境素材"补铁剂""实验中硫酸亚铁的保存与使用""菠菜中铁元素的检验"等。这些素材一般为孤立的事件,对素材如何系统设计与呈现等,课程标准中没有做过多说明,因此从"素材"到成熟、完整的教学情境,从结构特征来看还有一定距离。例如上述铁的情境素材,可通过真实情境中:麦片里是否添加铁、为何添加铁(包含"铁元素的检验"情境素材)、如何促吸收、能做质检员(包含"补铁剂""硫酸亚铁的保存与鉴定"情境素材)来设计教学思路。从"教学情境素材"到教学情境,客观上需要教师对素材进行挑选、组织、设计,为教师主观、能动地使用情境素材留有创设空间。

3. 情境素材使用建议凸显"三位一体"导向

从课程标准中有关情境的字面表述来看,课程标准在教学上倡导真实、富有价值的STSE和化学史等问题情境创设,从而来促进学生学习方式转变,进而发展学生的化学核心素养;学业质量水平上从简单问题解决到复杂化学问题都以情境中的问题解决为导向;在测试命题程序上通过确定测试宗旨与目标→创设真实情境→设计测试任务,将创设真实情境作为测试题的命题载体;教材编写建议注重情境、活动、问题解决"三位一体"的整体编排。课程标准注重"三位一体"的教学建议,对情境素材的解读与使用具有重要的指导作用。

二、化学教学情境创设的标准

在化学教学中分析教学情境的标准,可以加深对课程标准中"情境素材建议"的理解,以期对教学情境素材的使用可以创设出好的教学情境。约翰·吉尔伯特梳理了有关情境的概念,并以建构主义理论、情境学习理论和活动理论为基础,提出了化学教学情境的四个标准:

(1) 教学情境是由一定的时空、社会场景构架成学生的实践共同体。教学情境需具有如下特征:学生要参与其中,通过参与和交流发展他们对实践共同体文化的认同;学习情境要有核心事件,并围绕核心事件提供学习支架;学习情境还必须与学生的最近发展区相适合;学习情境一般来源于学生的日常生活,或者是具有重大社会发展意义的主题。

(2) 教学情境必须包含学科问题。教学情境应该围绕核心事件明确而细致地描述学习任务,并为将要在课堂教学中实施的交流与讨论的核心问题设计好框架。

(3) 教学情境能够让学生形成对概念的整体关联性的认识。学生通过交流与讨论,能够达到理解情境中核心概念的目的。教师在创设教学情境时,要充分了解学生已有的知识背景和能力水平,并对学生通过教学能够获得的潜力有正确的预估。这样才便于引导学生将情境中的概念与大概念和已有的概念联系起来,形成对概念的整体关联性认识。

(4) 教学情境能够帮助学生形成对知识的迁移学习。学习情境要围绕核心事件,将核心事件与已有的知识和相关的外部环境相联系,能帮助学生形成自己对新知识的理解和构建,并能够将所学的知识进行迁移。

很显然,课标中直接提供的情境素材是一个个具体的事件,并不是一个结构完整的课堂教学情境,教师还须根据自己的教学需要进行合理的情境创设。

三、真实教学情境开发设计流程

王后雄、王伟提出了从情境素材到生成课堂教学情境的逻辑路线,即教学目标—情境素材—教学活动,认为三者是统一的、有机的整体,情境素材的收集与使用受到教学目标的制约,而基于情境素材设计的教学活动又可以促进教学目标的达成。结合上述观点,可形成如图1.1所示的情境素材开发设计流程。从情境素材到课堂教学情境的设计,首先要结合教学目标选择适合的教学情境,这点可以通过教师平常的积累或通过各种渠道获得相关信息或直接选择新课标每一主题下提供的情境素材(课标中提供的情境素材都是切合主题教学目标的)来解决,从取材的角度看,情境素材有的取材于科学史,有的取材于学生生活,有的取材于社会生活;其次要从选择的情境素材中抽提出其蕴含的学科核心知识或学科核心概念,这样才能使后续的学生活动指向学科活动;最后要完善情境素材的结构,添加、删减、改编、调整顺序等。孤立的情境素材事件并不能直接运用到课堂教学中,教师必须立足教学目标、基于情境素材设计教学活动,在这一过程中要将情境素材中蕴含的学科核心知识或学科核心概念设计成学科问题融入基于真实情境的教学活动中,为学生提供学习框架。整个情境的开发设计过程必须凸显"情境、知识、问题、活动"的融合。

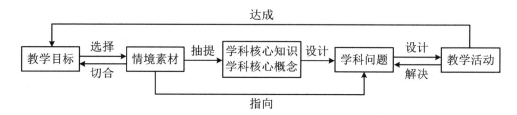

图 1.1　从情境素材到课堂教学情境的设计流程

四、化学教学情境的误区

在新课程改革中教学情境是几个有影响力的关键词之一,但在课程的实施过程中教学情境被误读的情况时有发生。为了避免出现此类状况,我们首先要知道真实情境的质量指标包括哪些,才不会在创设教学情境时陷入误区。

真实情境的创设是为了教学目标的更好落实,而并非为了让课程更精彩或新奇。因此好的真实情境应符合以下几方面的特点:

(1) 真实情境能帮助学生深入到要学习的知识和技能中。这是好的情境应具备的基本条件。除此之外,好的情境还能让学生明白学习的意义,懂得"为什么要学习这个内容"。

(2) 好的情境要能挖掘出任务或者问题,能让学生参与思考、学习、研究,从而培养学生的科学探究精神和创新意识,而不是只需要学生读书,或是只提出仅需要学生回答是或不是的问题。好的情境应包含丰富的内容,能够让学生解决真实的问题,并在过程中获得丰富的资源,散发思维,为学生的深入学习奠定基础和提供机会。

(3) 好的情境应有利于学生形成科学的思维。

为了防止陷入教学情境的误区,我们也要知道常见的教学情境使用的误区有:

1. 过度堆砌

一是本应简短的情境设置冗长化。堆砌大量精美的图片只是为了展示其"有用",主要集中在一些无机元素化合物和有机化合物性质的教学中。如"铝及其化合物"课中展示大量的应用类图片:航空航天、电子工业、日常应用等,多达 20 幅,只为了一个目的——应用广、效用高,播放解说图片时间达到 5 分钟。如"乙醇"课中展示大量诗词和应用类图片:酒文化、饮料、医药、溶剂、燃料等,诗词解说、播放图片时间达到5分钟。如"化学能与热能"课中,播放"火箭发射或飞船升空"等视频长达3分钟等。未对材料进行删减、截取、整合等工作,选择意识缺失,选择手段缺乏。

二是简单情境复杂化。为了追求新颖,刻意选用学生不熟悉的背景材料、最新研究成果、最新文献数据、高综合度的素材等。如"沉淀的溶解平衡"课中大量堆砌肾结石、胆结石、关节痛等情境素材。学生对陌生情境的认识、内化需要时间,一味追求"亮点",而放弃知识的生长点,不符合认知规律。如"原电池"新授课教学中,大量展示最新的电池研究成果,各种大功率锂系电池、燃料电池等信息冲淡了对原电池基本原理的学习和内化。

三是使用一些"高精尖"仪器,营造"高大上"的情境氛围。当前,数字化实验装备引入高中化学教学,丰富了定量感知实验过程的手段。然而,有的课时内容采用传统教学手段完全可以解决,大可不必"杀鸡用牛刀"。如"盐类的水解"教学中,使用pH计进行Na_2CO_3溶液、NH_4Cl溶液pH的测定。如"CO_2与NaOH溶液反应"的教学中,使用CO_2传感器研究是否反应等,这样设计既费时,也违背了教学设计简单有效的初衷。类似的情况还有很多,设计者的想法是积极的,但效果却打了折扣。这些情况主要是忽视了好的真实情境应符合特点,使得情境创设冲淡了教学重难点,导致知能目标未能有效达成,最终导致教学效率不高。

2. 过度渲染

教学情境的误区也体现在过度渲染和过分解读情境上。化学的纯粹之美、伟大之美、有用之美需要化学教育工作者的用心呵护。然而,有些"负面素材"我们不应一概弃之不用,不用则丧失了"辩证看待"的契机,用之不当则为"化学有害"推波助澜。当前,有的教师细致地介绍化学带来的危害,过度聚焦化学在社会中的消极影响,让学生产生挥之不去的"恐惧",值得我们反思,化学教师要注意巧妙地处理这些素材。

有些素材过度渲染化学的危害,未能聚焦在化学物质对社会发展有利的一面上,也未能聚焦在利用化学方法可以合理处理上。如"氯气"教学中"第二次世界大战"图片的使用,突出强化了氯气有毒的一面,过分渲染"情境",使氯气作为一种重要的化工原料,在生产生活中起到的重要作用反而被忽视;"京沪高速液氯泄漏事故"未能聚焦于"危害处理";"二氧化硫"教学中"酸雨的危害"未能聚焦在"类别价态的原理分析";"毒银耳、毒粉丝"等未能聚焦在"如何鉴别、检验"等。

有些素材过度解读社会效应,未能聚焦在化学物质的合理使用上。"苯""甲醛"教学中"居室气体导致白血病"未能聚焦在"科学除害、化学除害";"乙醇"教学中"明星醉驾""假酒致盲、中毒死亡"未能聚焦在"素养养成和作用机理";"浓硫酸"教学中的"伤熊事件""毁容"等未能聚焦在"人文素养养成"和"化学品的合理使用"等。

由于情境的不恰当处理,导致学生不敢正常使用这些试剂、不敢做实验、不敢选学化学,进而不敢从事与化学专业相关的工作,并且还有可能成为"化学有害"的宣传者,值得化学教育工作者深思。因此,面对这些"负面情境素材",我们不要盲目地追求"感官刺激",更需要从发展学生化学学科核心素养的角度进行整合设计。

3. 过度偏差

教学情境的误区还体现在选用了不恰当的、生硬的情境。有些课堂中出现了"诗词""歌曲""表演""动画"或"电影剪辑"等,简约、恰当的情境当然值得提倡,然而有些片段却让人"忍俊不禁"。如教师在"水的净化"教学中播放"2002年的第一场雪";在"Na_2CO_3、$NaHCO_3$ 的性质与应用"教学中"清洗油腻的碗筷";在"氢键"教学中让学生演示"冰能否沉入水底"等,这些场景的出现,反映了教师对情境创设的目的较为模糊。为了追求化学课堂的"互动、活动"的特点,有些课堂出现了"猎奇的情境""庸俗的类比"和"低幼化的活动"。如教师在"氧化还原反应""烯烃的化学性质"的总结教学中,让几个同学表演"得失电子""加聚反应"等;在"石油和煤"教学中讲述"动物尸体掩埋一段时间"可获得石油,"植物掩埋一段时间"可获得"煤炭"等。这些情况的出现,反映了教师对教学情境意境的误解和学科专业知识的匮乏。

除以上叙述的三个方面外,还有一些教学情境使用的误区:偏离核心知识、没有科学问题、创设虎头蛇尾。把"情境创设"理解为"情境设置",认为情境创设只要生活化、趣味化即可;把"情境创设"等同于"吸引眼球、刺激感官",刻意营造某种效果;把"情境创设"等同于"引言",只是为了引出某主题;把"情境创设"等同于"唤醒旧知"。这些情况的发生,不仅脱离了情境的本质特征,而且也影响了情境作用的有效发挥。非合情合理之境还有过分屏蔽情境,使课堂教学出现两边倒的现象,即教师包办,容易出现教师一言堂、满堂灌;学生包办,学生一讲到底。以上种种都是教师在创设教学情境时应极力避免的。

良好的教学情境能充分调动学生学习的主动性和积极性,启发学生思维、开发学生智力,是提高中学学科教学实效的重要途径。在化学课堂教学中创设恰当的教学情境,有助于深化高中化学课堂教学改革。精心设计和优化每一节课的情境素材,能有效发挥教学情境在化学课堂教学中的价值,更好地揭示化学教学内容的学科思想,高效地落实每一课时的教学目标,切实提高学生的化学学科素养水平。

第二节　如何有效地创设教学情境

教学情境是一种特殊的教学环境,是教师为了支持学生的学习,根据教学目标和教学内容有目的地创设的教学环境。创设教学情境,可以增强学习的针对性,有利于发挥情感在教学中的作用,激发学生的学习兴趣,使学习更为有效。那么,在新课程下,教师该如何创设教学情境呢?

创设情境要为教学服务,要进行有效性教学情境的创设,是为了有效地开展教学活动。因此,教师创设教学情境时,一定要先想想整个活动是不是为教学内容服务的,还是仅仅为了追求课堂气氛的一时热闹,教学形式要多样化、趣味化。

例如"氧化还原反应"的讲解中老师一般会引入化学史,在讲述化学史时若只是单纯地罗列氧化还原反应发展的三个阶段,那么这个情境与课堂知识是脱节的,也并不能很好地为教学服务,学生定不能很好地从三个阶段来认识氧化还原反应。在教学过程中若能边讲理论知识,边引出氧化还原反应的发展,学生就能较深刻地认识氧化还原反应,知道了三个阶段之间的关系,从而更好地应用于后期的学习。另外,学生在情感方面也能得到进一步的提升,知道事物是在不断发展的,任何时候都要以发展的眼光看待问题,在平时的学习中也要保持不断探索、坚持不懈的精神。

"胶体"这一课时的教学涉及丁达尔效应,若在创设情境时只是单纯地展示霓虹灯光或电影院的灯光,那么这个教学情境也是失败的,它与教学实际是脱离的,也不能很好地服务于教学,展示这些情境也只是为了引入丁达尔效应,在讲完丁达尔效应后,教师还要回过头来用所学的相关知识来解释这些现象,学生将所学的知识应用于实际生活中,从而下次见到丛林中的阳光等现象时也能知道是丁达尔效应,这样教学情境的创设才能使学生知其然也知其所以然,从而真正地掌握知识。

创设情境要联系实际生活,要列举生活中的例子,给学生营造一种现实而充满吸引力的学习情境,能够有效地激发学生参与认知活动的积极性,激发学生学习的兴趣与动机。

例如在"金属的腐蚀与防护"的教学时,为了让学生把所学的知识运用到实际生活中,让学生感受到化学与生活的紧密联系,并完善知识的建构,笔者呈现了这样的一个生活情境:向学生展示生锈的铁门、生锈的水龙头、生锈的铁锅……学生感受到生锈对生活带来的影响,然后再组织学生讨论这些物质为什么会生锈、怎样有效地避免生锈。而这些问题解决的过程也正是知识建构的经历。生活到处都有化学,把问题情境生活化,就是把问题情境与学生的生活紧密联系起来,让学生亲自体验问题情境中的问题,增加学生的直接经验,这不仅有利于学生理解问题情境中的化学问题,而且有利于学生体验到生活中的化学是无处不在的,培养学生的观察能力和初步解决实际问题的能力。

"氯气"这一节的教学中涉及氯气与碱的反应,展示一瓶 84 消毒液,设置问题如 84 消毒液有什么作用?是如何制取的?其原理是什么?这一系列问题可以引导学生深刻地认识氯气与碱的反应。特别是新冠疫情期间,生活中也较多地使用了 84 消毒液,学生的感触更深。作为生活常识,还可以适当拓展给学生 84 消毒液和洁厕灵不能混用,将真实的视频情境展示给学生,让学生不但从中学到了知识,还能将知识应用于生活中。

"钠的重要化合物"的教学中涉及氧化钠和过氧化钠、碳酸钠和碳酸氢钠,其中碳酸钠和碳酸氢钠在生活中应用非常广泛,这个情境的创设就比较简单,先说出碳酸钠和碳酸氢钠的俗名(实际上在初中阶段学生就已经知道了),很快学生就能与所学的知识联系起来,也能自行说出很多碳酸钠与碳酸氢钠的用途,教师再做进一步的补充,像这样与生活实际相联系的情境创设就非常简单有效,接下来师生再探究它们的性质就水到渠成了。

"硫的氧化物"和"氮的氧化物"教学可以从环境污染说起,当今社会污染无处不在,但学生平时对污染的感触并不深,这时可以展示工业废气的排放、酸雨对建筑物的腐蚀、PM 2.5的危害等。当这些素材真正摆在学生面前的时候,学生将会感触比较深刻,接下来引导他们思考为什么会造成这些污染、污染有哪些危害、怎样治理这些污染等,这些问题的解决都需要我们进一步了解硫的氧化物及氮的氧化物的性质,知识的学习顺理成章。最终还要引导学生考虑如何从源头上杜绝污染,而不是污染后如何治理,也就是我们常说的绿色化学。与生活相联系的氮硫氧化物的学习,能更好地激发学生的学习兴趣,以解决实际生活为动机的学习更容易使学生主动去学习,与单纯的理论学习或机械的说教学习相比,将起到事半功倍的效果。

创设情境要有利于学生的自主发展,要具有探索性。新课程标准要求学生在动手实践、自主探索与合作交流中学习化学,所以有效的教学情境强调学生个体的能动性,突显学生的个体地位与作用,使得教学更具有效性。在学生的精神世界里,希望自己是一个发现者和探索者。然而,学生由于受到年龄因素和知识经验的局限,知识视野有限,不可能自发地去探索。如果没有教师提供的情境、材料,乃至目标,学生的探索只能是无源之水、无本之木。

例如在开展"苯"这一节教学时,苯环结构的探究可以给学生自主探究的空间,教师只要将不饱和度提供给学生,再结合之前双键的知识,学生就可以想象出很多可能的结构,他们还可以用火柴棍摆出尽可能多的结构,老师再适时引入凯库勒的梦境趣事为情境,最终结合实验性质排除其他结构而得出苯的真实结构。这样学生参与了探究的过程,发挥了自己的主观能动性,深刻地掌握了苯的结构,结构决定性质,最终他们也清晰地掌握了苯的基本性质。情境的引入也可使学生的情感得到升华。凯库勒能够从梦中得到启发,成功地提出重要的结构学说,并不是偶然的,而是得益于他平时不断地思考、分析,才会梦其所思。我们在平时的学习中也要不断思考,好的灵感不一定会以梦境的形式呈现,但只要坚持思考,不断努力,某一时刻成功定会亲临。

"氯气"的教学中涉及氯水的成分探究,教师分别展示干燥花瓣和湿润花瓣通入氯气后是否有褪色现象,就此现象让学生讨论原因,并设计实验进行探究。除此之外,使用有色布条也能达到相同的效果,但花瓣这样具有美观效果情境的引入更能激发学生的学习兴趣和探究欲。在实际操作中让学生分组进行讨论并实验,组内成员协同合作、提出猜想、设计实验、观察现象、得出结论;组间成员还能形成竞争机制,提高探究学习的有效性。在此过程中,每个成员都有参与,这样的过程不但能发挥学生的主观能动性,还能让学生体验到努力思考与学习后的成就感,如果能达到这样的效果,那么情境的创设就是有效的。

创设情境要根据学生的年龄特点,要具有针对性。一是情境的内容和形式要根据不同的年级有所变化。对于高中生,要多创设有助于学生独立思考、自主探索、合作交流的情境,用化学本身内在的、隐性的美去吸引学生,尽量让他们由内心的成功体验产生对情境的满足,进而成为推动下一步学习的动力。二是创设情境还要充分考虑学生的知识基础。

例如在进行"酸、碱、盐在水溶液中的电离"的教学时,要先了解学生在初中阶段是如何定义酸、碱、盐的,初中阶段并没有给出明确的酸、碱、盐的定义,只是通过溶液的导电性实验让学生初步认识了酸、碱、盐,那么高中阶段讲解酸、碱、盐时,情境的创设起点要低,要遵循学生认知的发展规律,比如可以在初中导电性实验的基础上再扩充几种溶液的导电实验。情境源于学生熟悉的知识,学生很容易接受,也就很愿意在原有知识的基础上继续深入学习,从而生长出新的知识,这样对知识的掌握也会更加牢固。

"氧化还原反应"教学时,要先了解学生在初中认识的氧化反应和还原反应。初中对氧化反应和还原反应是分开进行讲述的,分别从得氧和失氧的角度阐述,在这个知识基础上,教师可以呈现这样一个反应:$CuO + H_2 == Cu + H_2O$,让学生来分析它是氧化反应还是还原反应,学生很快能够发现矛盾:它既是氧化反应又是还原反应,这时再引入氧化还原反应的概念就轻而易举,学生理解起来也不困难。这样的课堂推行很顺利,主要得益于教学情境的创设是以学生已有的知识为基础展开的。

"化学反应速率"教学时,也要考虑到学生初中阶段对化学反应速率的认识。在初中阶段,学生主要从定性的角度认识化学反应速率,如升高温度、增加反应物的接触面积、加入催化剂等均会使化学反应速率加快,在此基础上进一步追问如果要定量地描述化学反应速率或者怎样知道化学反应速率具体增加了多少,该怎么办呢?这时辅之以物理中的速率公式,就很容易引出化学反应速率的定义及表达式。这样以学生原有的知识为基础进行的情境创设不但能引导学生主动去思考,还能让学生快速掌握新知。

在学生原有知识基础上再做进一步深入探究,学生不但能体会到学习知识的快乐,在获得成就感后还很乐于在自己熟悉的知识上做进一步的学习。研究表明,认识兴趣与学生的知识基础密切相关。因此,课堂教学应先易后难、由浅入深、从简到繁、循序渐进地安排。教师在创设情境时应做到:一要熟悉教材,掌握知识的结构,了解新旧知识之间的内在联系;二要充分了解学生已有的知识经验和心理发展水平。

创设情境要根据教学内容进行适度性教学情境的创设,不是越多越好,一节课创设几个或十几个情境,学生一会儿忙这,一会儿忙那,关注的只是活动的本身,不是学习的内容,效果可想而知。

"原电池"教学中有很多情境可以创设,比如展示水果电池、锌-铜-稀硫酸原电池、格林太太补牙后经常头痛的案例等,这些案例的原理都是相同的,在创设教学情境时,若没有取舍一股脑倒给学生,那么一节课下来学生只是在关注实验或案例本身,从一个情境跳入另一个情境,忙碌而不知所为,思路是混乱的,不能很好地理解原电池的工作原理。刚接触原电池的知识,其原理对学生来说本身就比较难,我们需要精选情境引入原电池的概念,然后通过这个情境透彻地分析原电池的原理,这样的一节课才能思路清晰,重难点突出。

"物质的量的单位——摩尔"这一课时是抽象的概念讲解,课堂内容相对较枯燥,学生第一次接触这样的物理量,接受起来也比较困难。于是很多老师想通过生活中的示例引入物质的量,但如果一节课又是数大米,又是数水滴,一会儿量头发,一会儿讲一打铅笔,学生很可能就只关注这些示例本身了,并且这么多示例混在一起,他们可能不知道老师到底要干什么,这样的引入也只是强行地与物质的量联系起来,实际上学生并没有贯通物质的量及摩尔到底是怎么回事,这样的情境创设也只能使物质的量及摩尔这样的概念理解起来更困难。在创设问题情境时,无论是数大米还是数水滴,无论是量头发还是讲一打铅笔,我们只要精心地设计,选择其中一个情境,进行透彻地分析讲解,进而类比到微观世界的摩尔,学生才能理清思路,虽然刚接触的新概念还有些陌生,但知识架构是理解了的,只要再辅以相应的练习,就会吃透这些概念。

我们创设情境的目的是激发学生的学习兴趣,从而能较为主动地投入到探索新知的学习中来,所以,是否要创设情境、是否要用教材上的情境要根据教学内容和学生的知识基础和生活经验来考虑。

教学情境创设的方法很多,但教学情境创设的效果往往并不取决于创设的方法,而是看教学情境的创设与课堂教学过程中知识信息的传递是否相协调,也就是看教师所创设的教学情境实用性如何。没有实用意义的教学情境就如同武术中的花拳绣腿,中看不中用。只有通过精心设计,富有真实性、有效性、探索性、针对性、适度性的情境,才能唤起学生学习的兴趣。生活中处处有化学,化学中也处处是生活,只有让学生置身于逼真的情境中,体验化学学习与实际生活的联系,才能体验到用化学知识解释生活现象以及解决实际问题的乐趣。这样才能够更好地提高化学课堂的教学效率。

第二章 真实问题情境的教学策略

第一节 问题情境教学概述

问题情境是教师根据个体认知规律和心理特征创设的一种思维环境。合理的问题情境,能让学生产生强烈的认知冲突,可以激发学生强烈的求知欲望和学习兴趣,能有效启迪学生的思维。

情境教学思想最早萌芽于古希腊罗马时期,较为著名的是苏格拉底的"产婆术",他认为教学问题的提出很重要,通过问题的提出,教师引导学生积极思考,最终得到正确的结论。20世纪20年代英国教育家帕默和洪贝等人正式提出了情境教学理论。国外出现情境教学最早的案例是卢梭的《爱弥儿》,到20世纪90年代,在具体的学科教学中出现了情境教学,且成果显著,如贾斯珀系列。

情境教学于20世纪70年代正式传入我国,并逐步发展成为一种重要的教学方法。其中,吕传汉教授在我国教改实验研究过程中提出"情境-问题"的教学方式,发现在这种教学方式的引导下,学生的学习动机被激发,自主寻找问题的答案,提高解决问题的能力。2019年6月,国务院办公厅发布了《关于新时代推进普通高中育人方式改革的指导意见》,明确指出在深化课堂教学改革过程中要积极探索基于情境、问题导向的互动式、启发式、探究式、体验式等课堂教学。

第二节 真实问题情境在高中化学教学中的作用

一、高中化学课堂问题情境创设的重要性

新课程标准指出:要开展多样化的科学探究活动,促进学生学习方式转变,培养其创新精神和实践能力。然而,在传统教育的背景下,高中化学教学仍然采用以考试为中心,以良好学习成绩为目标的教学观念。教师教,学生学,教学过程只注重知识的传授,学生被动、机械地去接受知识,缺少对问题的深入思考。这种知识

本位的教学方式,忽略了学生在课堂教学中的主体地位,忽视了学生对知识获得的思考过程,无法激发学生学习的兴趣和探究欲望,不能调动学生学习的积极性和主动性,不利于学生学习方式转变和良好思维品质的养成。新课程明确提出要发展学生的核心素养,注重培养学生适应社会需要和自身发展和必备品格和关键能力。"科学探究与创新意识"作为化学学科核心素养构成要素,其发展状况是学生核心素养落实的具体体现。教学中,教师要努力营造能够激起学生强烈探究欲望的问题情境,将学生置于特定的问题情境中,引导学生发现问题,并对问题展开质疑和探究,最后自主得出结论。在问题的不断获取和解决过程中,加深了学生对知识的理解和掌握,促进了学生实践能力和创新精神的发展。在整个探究过程中,问题是探究的主线,探究是学生思维发展的原动力。

创设合理的真实问题情境,可以拉近学生的生活与知识间的距离,学生主体意识得到了突显,利用已有的生活经验和认知基础,紧紧围绕问题情境思考解决问题,有效转变学生的学习方式。同时,学生在问题情境中应用知识,突出知识应用的特点,引发学生合理认知冲突,激发学生认知内驱力,有利于学生联系各个知识点,从而建构知识的网络框架。

二、化学学科核心素养视角下的真实问题情境创设

《普通高中化学课程标准》(2017年版)的重要变化是凝练了学科核心素养。化学学科核心素养包括5个方面:宏观辨识与微观探析、变化观念与平衡思想、证据推理与模型认知、科学探究与创新意识、科学态度与社会责任。① 素养1:宏观辨识与微观探析,探究的是物质的分类、组成、结构、性质和变化,其内涵具有学科观念的特征;② 素养2:变化观念与平衡思想,探究的是化学变化与化学反应原理,其内涵是学科特点,由此可见,素养1和素养2探究的均为化学基础知识;③ 素养3:证据推理与模型认知,旨在培养学生的化学思维,是在素养1和素养2的基础上要求学生形成化学学科的思想和方法,素养1、2和3相互渗透;④ 素养4:科学探究与创新意识,其内涵是科学实践,从实践层面激励学生勇于创新;⑤ 素养5:科学态度与社会责任,其内涵是化学学习更高层次的价值取向。化学学科核心素养将化学知识、学科特点、化学思维、科学实践和价值取向融为一体,体现了化学课程在帮助学生形成未来发展需要的正确价值观、必备品格和关键能力中所发挥的重要作用。化学学科的基本理念是以发展化学学科核心素养为主旨,重视开展"素养为本"的教学,倡导真实问题情境的创设;史宁生教授认为核心素养的培养是后天形成的,是通过学生的行为表现出来的知识、能力和态度,与特定的情境有关。一线教师要紧紧围绕"发展化学学科核心素养"这一主旨,不断优化教学过程,借助真实的情境素材来丰富学生的认知体验,通过有效的问题来启发引导学生自主学习、自主探究。

《普通高中化学课程标准》(2017年版)与《普通高中化学课程标准》(2003年版)相比,此次课程标准的修订中,针对主题的特点、学生核心素养发展的需要特别提出了学习情境素材建议。这一变化明确了新课标对真实情境创设的要求和必要性。在人教版高中化学新教材中设置了科学史话、科学技术社会、资料卡片、化学与职业、信息搜索及研究与实践等栏目,突出了真实问题情境对化学学习的重要性,为化学学科核心素养的发展提供重要的平台和真实表现的机会。

第三节 真实问题情境的教学策略

问题情境创设的目的是以问题作为课堂教学的主线,将学生置于特定的问题情境中,并引导学生对问题自主展开质疑和探究,通过对问题的不断提出和解决,实现了学生对知识的理解和获得。

如何在课堂教学中设计真实情境并提出问题,培养学生的核心素养呢?教师可以从以下几个方面着手:

一、设计合理问题情境,驱动学生活动

教师创设问题情境针对的对象是班级里的学生,目的是让学生理解掌握所学知识,进一步发展学生的学科核心素养,所以教师要根据客观条件,如学生的生活环境、地域环境、经济状况等,精心设计问题,循序渐进,进而激发学生的主动思考和求知欲。例如,在学习 Fe^{3+} 的检验时,长江以南的低丘陵区普遍存在着红色土壤,教师可以根据学生的生活环境,针对大家熟悉的红色土壤设计问题,红色土壤是否含有 Fe^{3+} ?在这样的情境中,学生通过思考并设计简单的实验,利用硫氰化钾溶液检验是否含有 Fe^{3+} 。这样的情境设计,问题来源于生活,探究中培养学生证据推理与模型认知的核心素养,能基于证据对物质的组成进行分析,也能突出化学学科的社会价值。

二、创设探究性问题情境,实现深度学习

深度学习是一种主动对知识进行加工的学习方式,强调学生以高阶思维的发展和实际问题的解决为目标,以整合知识为内容,积极主动地学习新知识和新思想。从真实情境出发,设计探究性问题,并将核心知识、方法和素养涵盖其中,容易引发学生进行深度思考,促进学生进行深度学习,发展学生的核心素养。

例如,"金属材料"的教学中,教师要避免把本节内容的教学变成单一、枯燥的

讲授,可以用"身边的金属材料""建筑业中的金属材料"等为主题,组织学生以小组为单位对周围金属材料的组成、来源、性能、价格和用途等方面展开调查,从不同的角度丰富学生对金属材料的认识,强化性能决定用途的观念,同时提高学生收集、加工、使用和传播信息的能力。

三、充分利用现代教育信息技术创设问题情境,拓宽教学时空,提高学习效率

问题情境是教师根据个体认知规律和心理特征创设的一种思维环境。合理的问题情境,能让学生产生强烈的认知冲突,可以激发学生强烈的求知欲望和学习兴趣,能有效启迪学生的思维。

20世纪80年代中期,计算机技术被引入到中小学课堂教学中,拉开了信息技术与课堂教学融合的序幕。2012年3月,教育部出台了《教育信息化十年发展规划》,正式提出教育信息化。伴随着数字化实验、互联网、手机、电视及电脑等信息技术产品的普及,信息技术已成为课堂教学不可或缺的一部分。我国新课程改革的重要一项内容就是教育信息化,也即要将新媒体技术与课堂教学深度融合,以激发学生学习的兴趣,提高其学习的积极性,促进其学习方式的改变,推动我国教育事业的现代化发展,改变教师的教学方式和学生的学习方式。而信息技术可以将学生看不到的事物通过动画、视频、微课、实验直播等技术手段呈现出来,将事物的变化过程模拟出来,可以把抽象的问题以动画或图表形式展现出来,拓宽课堂教学时空,改进教学方法,达到提高课堂教学效率的目的。

传统方式的问题情境创设主要集中在语言描述、实物呈现、视频展示等方面,由于其具有简单、直接、直观、形象等优点,被广泛应用于高中化学课堂中。但当从事化学用语、微观粒子、基本概念、反应机理、基本原理等方面教学时,利用上述方式来创设问题情境就尤显不足。新媒体技术不仅仅是指多媒体技术,还包括互联网、数字化实验、手机等信息技术,利用新媒体技术来创设问题情境相对传统手段有着无可比拟的优势。新媒体的海量、共享、交互等特点,可以使问题情境创设更加实时、直观和准确。利用新媒体技术来创设问题情境可以实现教学情境由定性创设向定量创设转换、由宏观创设向微观创设转换,教学过程中,不仅可以做到师生交互,还可以做到人机交互。利用新媒体技术创设的问题情境,可以进一步激发学生的求知欲和学习兴趣,而且可以有效转变学生学习方式,提高学生自主学习能力。

因此,信息技术可以为探究性教学的问题设计提供多种方式,能够实现信息技术与课堂教学的深度融合。

第四节 真实问题情境下的教学案例

 案例1:利用新媒体技术创设真实问题情境教学案例——盐类的水解

一、案例介绍

"盐类的水解"为《化学反应原理》(人教版化学选修4)第三章"水溶液中的离子平衡"第三节的主要内容。本课题是继化学平衡、弱电解质电离平衡、水的电离平衡等之后的又一个平衡体系,它既是化学平衡知识体系的完善,又是化学平衡知识的延续,同时对后继沉淀溶解平衡的学习具有重要的指导意义。

课程标准把"过程与方法"定位成教学目标,就是要求老师们要关注学生学科核心素养的落实,重视学生学习实践能力的培养,把本来属于学生学习的"过程与方法"还给学生。本课题的教学环节包括导入、科学探究、盐类的水解规律探究、盐类水解的概念形成、知识迁移、总结和作业布置等。由于本课题内容涉及化学反应原理且理论性强,如果老师仅仅利用化学平衡原理知识导学盐类的水解,学生的兴趣就会大大削弱。这就需要利用多媒体技术来调动学生的思维,拓宽他们的视野,以多种形式吸引学生的兴趣,同时,教师设计问题,引导学生就相关问题展开分析、假设及探究,真正地让学生参与其中,既保证教学过程的连贯性、畅通性,又能让学生得到充分的锻炼。

二、教学过程

本节课教学设计环节与希沃白板5.0的应用如下:

1. 导入

环节目标:创设问题情境,激发学生求知欲;温故知新,培养学生语言表述能力。

教学环节:利用希沃软件中的蒙层、思维导图等功能。

复习提问:在前面的学习中,同学们已经知道水是一种极弱的电解质,如何定性衡量水电离的微弱程度?

学生活动:思考、交流。

设计意图:复习水的电离平衡相关知识,引导学生思考,为探究盐类的水解创设知识生成的情境。

课件展示：$H_2O \rightleftharpoons H^+ + OH^-$；25 ℃时，$K_W = 10^{-14}$；$c(H^+) = c(OH^-) = 10^{-7}$ mol/L

提出问题：酸碱盐对水的电离影响？

学生活动：思考、交流。

设计意图：通过复习酸碱盐等因素对水的电离的影响，形成认知冲突，逼近课题。

多媒体作用及分析：采用希沃中的蒙层功能，对课件中的重点知识进行隐藏，再让学生思考分析，这样可以增加神秘感，激发学生的求知欲，使学生产生浓厚的学习兴趣，这充分体现了希沃强大的交互功能。

2. 科学探究

环节目标：通过探究不同盐溶液的酸碱性，培养学生对问题进行质疑、分析的能力；培养学生科学探究精神，体验科学探究的方法，在学习中感受合作学习的乐趣。

教学环节：利用希沃软件中的组合、移动授课等功能。

实验探究：实验测定 CH_3COONa、Na_2CO_3、NH_4Cl、$(NH_4)_2SO_4$、$NaCl$、Na_2SO_4 六种盐溶液酸碱性，并完成相关表格。

学生活动：随机安排六位同学测定六种盐溶液的pH，并完成相关表格（学生先描述pH试纸测定溶液pH方法，再操作）。

设计意图：培养学生动手实践和语言表述能力。

提出问题：组织学生汇报实验结果。

学生活动：汇报交流。

设计意图：培养学生对问题进行质疑、分析的能力；体验科学探究的方法。

提出问题：依据实验结果，分析盐的组成与其水溶液酸碱性的关系。

学生活动：分组讨论，公开交流讨论结果。

设计意图：使学生能从宏观层面进行分析、比较的研究方法，总结规律。

提出问题：盐的类型与溶液酸碱性之间有什么内在联系？

学生活动：强酸弱碱盐的溶液都显酸性；强酸强碱盐的溶液都显中性；强碱弱酸盐的溶液都显碱性。

设计意图：由实验现象总结一般规律，为理论解释做好铺垫。

多媒体作用及分析：使用希沃中的组合功能把图表和文字组合起来，再通过拖拽的方式呈现在学生的面前，使学生对教学内容产生了强烈的学习动机。这种方法使课堂教学更具灵活性，学生也更容易接受，也体现了它更具实用性的特点。

3. 盐类的水解本质探究

环节目标：通过盐类水解本质探究，让学生体会科学探究的艰辛和乐趣，激发学生科学探究的热情，培养学生核心素养及分析和解决问题的能力。

教学环节：利用希沃软件中的视频插入及组合与拖拽等功能。

提出问题：

（1）纯水呈中性的原因。

（2）判断溶液呈酸、碱性或中性的依据。

（3）不同类型的盐溶液呈现不同酸碱性的原因。

学生活动：学生思考、讨论、汇报。

设计意图：创设问题情境，激发学生求知欲望。

提出问题：

（1）在 NH_4Cl 溶液中存在哪些离子？

（2）这些离子是否会发生相互作用？离子间相互作用即离子反应，离子反应发生的条件是什么？

学生活动：学生思考、交流、汇报。

设计意图：复习离子反应发生的条件，为探讨 NH_4Cl 水解的实质创设情境。

教师点拨：以强酸弱碱盐 NH_4Cl 溶液为例，引导学生从微观角度分析其对水的电离平衡的影响，从而说明其对水电离的促进作用。

动画演示：NH_4Cl 的水解过程。

离子方程式：$NH_4^+ + H_2O \rightleftharpoons NH_3 \cdot H_2O + H^+$

拓展迁移：请同学们列举出所知道的能够与 NH_4Cl 类似的对水的电离有相似促进作用的盐。

学生活动：讨论交流，列举归纳强酸弱碱盐：

$$Fe^{3+} + 3H_2O \rightleftharpoons Fe(OH)_3 + 3H^+$$

$$Cu^{2+} + 2H_2O \rightleftharpoons Cu(OH)_2 + 4H^+$$

$$Al^{3+} + 3H_2O \rightleftharpoons Al(OH)_3 + 6H^+$$

设计意图：由个别到一般的扩展，通过强酸弱碱盐的示范学习，为下面强碱弱酸盐的自主学习做好基础。

自主探究：CH_3COONa 溶液为何显碱性呢？请同学们按照上述分析思路自己完成解释。

学生活动：思考、交流、汇报，分析 CH_3COONa 溶液的水解过程。

学生上台板演。

离子方程式：$CH_3COO^- + H_2O \rightleftharpoons CH_3COOH + OH^-$

设计意图：通过引导学生对 CH_3COO^- 的水解过程分析，培养学生自主获得知识的能力。

知识拓展：按照刚才的思路请同学们列举出和 CH_3COONa 类似对水的电离有相似促进作用的盐。

学生活动：讨论归纳常见的强碱弱酸盐：

$$CO_3^{2-} + H_2O \rightleftharpoons HCO_3^- + OH^-$$

$$S^{2-} + H_2O \rightleftharpoons HS^- + OH^-$$

$$CN^- + H_2O \rightleftharpoons HCN + OH^-$$

$$SO_3^{2-} + H_2O \rightleftharpoons HSO_3^- + OH^-$$

设计意图：学以致用，培养学生知识迁移和独立解决问题的能力。

多媒体作用与分析：在希沃中的插入 Flash 动画，让盐类的水解过程变得生动、直观、形象。软件中的组合与拖拽功能，使学生始终对课堂保持着兴趣，极大地提高了课堂教学的效率。

4. 盐类的水解概念形成

环节目标：理解盐类的水解概念；知道盐类的水解的实质；通过对盐类的水解本质进行探析，培养学生的学科素养及分析和推理能力。

教学环节：利用希沃软件中的知识链接及页面切换等功能。

提出问题：请同学们描述强酸弱碱盐（NH_4Cl）和强碱弱酸盐（CH_3COONa）在水溶液中的行为。

学生活动：NH_4Cl 溶于水电离出的 NH_4^+ 与水电离出的 OH^- 相结合，生成弱电解质（$NH_3 \cdot H_2O$），使溶液显酸性，促进水的电离。

（CH_3COONa 此处省略）

设计意图：通过对 CH_3COONa 和 NH_4Cl 具体实例的水解过程的描述，感知水解的条件、实质以及结果，自主概括盐类水解的一般性概念、形成概念。

提出问题：像 CH_3COONa、NH_4Cl 等盐类与水的相互作用，使其溶液呈现不同酸碱性的过程称之为盐类的水解。请同学们整理所学内容（哪些盐可以水解？水解的实质是什么？水解的结果如何？）给盐类的水解下个定义。

学生活动：学生讨论、交流、归纳。

（1）有弱才水解，无弱不水解。

（2）谁强显谁性，都强显中性。

（3）水解的实质是某些盐溶于水时，由于其电离出的弱酸或弱碱离子与水电离出的 H^+ 或 OH^- 结合生成弱电解质，使水的电离平衡发生移动，从而使溶液显示不同酸碱性。

设计意图：通过对 CH_3COONa 和 NH_4Cl 具体实例水解过程的描述，感知水解的条件、实质以及结果，接着自主概括盐类水解的一般性概念、形成概念。

多媒体应用与分析：在希沃软件中已获得的知识可链接到不同的页面，页与页之间的自由转换，使学生在学习中无缝连接，这样有助于学生用已知知识解决实际问题，这充分体现了希沃软件的方便与强大。

5. 知识迁移

环节目标：通过该环节的学习，提高学生知识迁移及分析问题和解决问题能力。

教学环节：利用希沃软件中的班级优化大师、蒙层等功能。

提出问题：为什么 NaCl 溶液显中性呢？

学生活动：

$$H_2O \rightleftharpoons OH^- + H^+$$

$$NaCl = Na^+ + Cl^-$$

$OH^- + Na^+ \rightleftharpoons NaOH$（强电解质）

$H^+ + Cl^- \rightleftharpoons HCl$（强电解质）

$c(OH^-) = c(H^+)$ 中性（都强显中性）

设计意图：学以致用，培养学生用已学知识分析和解决实际问题能力。

多媒体作用与分析：用希沃班级优化大师对学生的课堂表现进行实时评价，随机抽选部分学生回答问题，并实时发送点评，可以及时检查教学效果，这充分体现了希沃软件的互动性。

6. 课堂总结与作业布置

环节目标：复习新知，巩固学习成果；学以致用，落实核心素养。

教学环节：利用希沃软件中的链接、课堂活动等功能。

总结：盐类的水解规律、概念、实质。

作业：用所学知识解释明矾净水原理。

多媒体应用与分析：把希沃课件重新浏览一次，页面之间自由切换，体现希沃软件的灵活性。

三、教学反思

本案例以"盐类的水解"教学设计为切入点，教学设计科学、具体，符合课程标准要求。在探究盐类水解规律的过程中，教师负责设计问题，以问题驱动教学，引导学生就相关问题展开分析，同时借助信息化教育技术希沃软件辅助课堂教学，灵活运用希沃软件的各种功能，使知识呈现趣味化、探究化、直观化、新颖化。利用信息化教学手段，引导学生科学探究，发现问题，提出有价值的问题，设计方案，运用化学方法进行探究，培养学生的科学精神和创新意识。案例引导学生探寻规律，能基于证据对盐类水解本质进行归纳，探讨结论与证据之间的逻辑关系，建立认知模型，并用模型解释规律，把课堂还给学生，体现学生的主体地位，也保证了教学的完整性和流畅性，提高了学生分析问题和解决问题的能力。

案例2：实验课——抗疫消毒剂84消毒液

课题名称	抗疫消毒剂84消毒液
教学目标	
(1) 从物质类别、元素化合价角度预测84消毒液有效成分的性质，培养学生宏观辨识与微观探析的核心素养。	
(2) 利用盐类水解平衡、氧化还原反应分析解释84消毒液在使用过程中产生的现象，培养学生科学探究与创新意识的核心素养。	

(3) 增强合理使用化学品的意识,科学使用含氯消毒剂,培养学生科学态度与社会责任的核心素养。

(4) 通过数字化实验探究,体验实验在化学研究中的重要作用,强化在化学研究中设计和应用实验的意识。

学生分析
1. 学生已有的认知基础 　　通过高中化学的学习,高二学生已经具备了较为完整的化学平衡和氧化还原反应的知识,具有较强的思维能力与实验探究能力,具备了运用数字化实验进行实验探究所需的知识和能力。同时,84消毒液是学生熟悉且家庭必备的日常消毒用品,对其有效成分次氯酸钠的性质有所了解。 2. 学生认知障碍 　　学生对于次氯酸钠性质的探究是碎片化的,学生用过84消毒液,但通过阅读使用说明书并科学使用消毒剂的确实很少,没有养成合理使用化学品的意识,没有挖掘知识背后承载的功能价值,缺乏利用化学知识分析解释生活中问题的科学态度和社会责任。 3. 学生的认知发展 　　本节课根据学生的认知基础和认知障碍,将数字化实验技术与多媒体技术相结合,通过本节课的实验探究,发展基于氧化还原反应的"宏观辨识与微观探析",基于实验探究的"科学态度与创新意识",基于正确使用化学品的"科学态度与社会责任"等学科核心素养。
教学重难点分析及解决措施
教学重点:复习盐类水解、氧化还原反应等知识点。 教学难点:84消毒液性质探究及实验方案的设计。 解决措施:通过真实的问题情境,以问题和任务为驱动,设计有层次、多样化的化学实验探究逐步引导学生,激发学生学习的兴趣,借助新媒体和新技术的相互支持进行课堂教学,提高学习效率。
教学过程
【生活情境】2020年春节,新冠疫情肆虐,在这场抗疫战斗中,让我们熟悉了各种杀菌消毒的方式,其中几乎无所不能的84消毒液究竟是何物呢? 【历史情境】84消毒液的诞生历史 　　1983年,北京地坛医院的前身北京第一传染病医院接受北京市科委的科研课题,研制一种可杀灭各类肝炎病毒的消毒液,用于医护人员的日常防护。研究者们经过一年多的努力,从70多个配方、3000多次试验中不断摸索,终于在1984年10月通过北京市卫生局组织的专家评审,为了纪念研制成功的时间,将这种消毒液定名为84肝炎洗消液,后更名为84消毒液。84的诞生,是中国消毒行业的一大创举,几乎成为消毒液的代名词。 【问题引导】阅读84消毒液的说明书,思考:84消毒液的主要成分?根据成分猜测84消毒液的主要性质? 【学生解答】猜测性质1:酸性？碱性？中性？ 　　　　　　猜测性质2:漂白性。 　　　　　　猜测性质3:强氧化性。

实验探究 1：探究 84 消毒液的酸碱性

【问题引导】阅读 84 消毒液的注意事项，知道其有腐蚀性，猜测 84 消毒液的酸碱性？

【实验情境】用镊子夹取 pH 试纸放在点滴板上用玻璃棒蘸取 84 消毒液检测其酸碱性，并观察试纸颜色的变化。

【得出结论】84 消毒液显碱性，且具有漂白性。

【生活指导】84 消毒液有强碱性，如原液不慎接触到皮肤，应立即用水冲洗。

实验探究 2：84 消毒液漂白过程中的化学变化

【问题引导】84 消毒液使 pH 试纸先变蓝后褪色，除了证明溶液呈碱性，能不能说明 84 消毒液具有漂白性呢？其漂白性是由 HClO 引起的，还是 NaClO 本身就有漂白性呢？

【实验情境】向 3 支试管中加入等量的红色纸条，观察红色纸条的褪色时间，如图 2.1 所示。

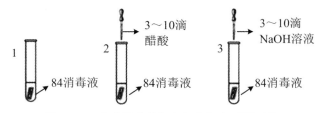

图 2.1 3 支试管中的红色纸条褪色时间对比

【得出结论】（1）当溶液酸性增强时，84 漂白性增强。

（2）当溶液碱性增强时，84 漂白性减弱。

（3）HClO 具有漂白性，且 NaClO 也具有漂白性（特别提醒：HClO 及其盐溶液的 pH 测定不能使用 pH 试纸）。

【生活指导】84 消毒液保存时应该避光和防止受热，且不可用热水稀释。

【工业指导】工业上使用 84 消毒液时要加入少量酸，如醋酸等。

实验探究 3：84 消毒液漂白过程中 CO_2 浓度的变化

【生活情境】在日常生活中使用 84 消毒液没有加酸提高漂白效果，但是要将被漂白的物质在消毒液中浸泡一会，原因是什么呢？

【实验情境】教师运用数字化实验，连接 CO_2 传感器测定广泛 pH 试纸变蓝后又被漂白的过程中 CO_2 浓度的变化，如图 2.2 所示。

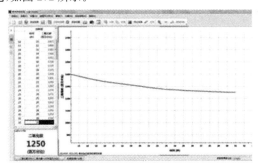

图 2.2 CO_2 传感器测定的 CO_2 浓度的变化

【学生活动】学生分析数据,得知漂白过程中 CO_2 浓度降低,初步得出结论 CO_2 也参与了漂白。

【问题引导】NaClO 与空气中的 CO_2 反应生成 HClO,根据质量守恒定律,你们是否可以大胆猜测产物还有哪些物质?

【信息提示】
$$Na_2CO_3 + BaCl_2 = BaCO_3 \downarrow + 2NaCl$$
$$NaHCO_3 + BaCl_2 = BaCO_3 \downarrow + NaCl + H_2O + CO_2 \uparrow$$

【学生活动】讨论交流,制定鉴别方案,向漂白后的溶液中加入氯化钡溶液,预测试管中的现象,并通过 CO_2 传感器测定试管中 CO_2 浓度的变化,如图 2.3 所示。

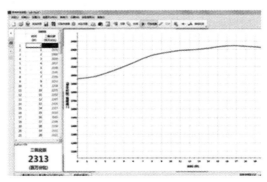

图 2.3 CO_2 传感器测定的 CO_2 浓度的变化

【学生活动】学生分析曲线变化趋势,得出产物中有 $NaHCO_3$。

【问题引导】产物中是否含有 Na_2CO_3 呢?请同学们根据表 2.1 的数据,从理论上判断产物中是否有 Na_2CO_3?

表 2.1 H_2CO_3 与 HClO 的电离子平衡常数

化学式	电离子平衡常数
H_2CO_3	$K_1 = 4.3 \times 10^{-7}$ $K_2 = 5.6 \times 10^{-11}$
HClO	$K = 3 \times 10^{-8}$

【学生活动】根据表中信息可知酸性强弱关系为 $H_2CO_3 >$ HClO $> HCO_3^-$,即向 NaClO 溶液中通入 CO_2,无 Na_2CO_3 生成。

【得出结论】$NaClO + CO_2 + H_2O = HClO + NaHCO_3$

【生活指导】84 消毒液能使有色物质褪色,禁止用于丝、毛、麻织物的消毒;另外,用于衣物的漂白时,一定要在空气中放置一段时间,使空气中的 CO_2 溶于 84 消毒液后参与反应,产生 HClO,漂白效果会更好。

实验探究 4:探究 84 消毒液的强氧化性

【问题引导】NaClO 中的氯元素化合价为 +1,且 84 消毒液主要用来杀菌消毒,推断 84 消毒液是否具有强氧化性?

【实验情境】将淀粉-KI 试纸放在点滴板上,用玻璃棒蘸取 84 消毒液验证其氧化性,并观察试纸颜色的变化。

【得出结论】84 消毒液具有强氧化性。
【生活指导】84 消毒液可以用来对马桶、水槽、瓷砖等进行消毒。

实验探究 5：探究 84 消毒液与洁厕灵的反应

【问题引导】阅读说明书可知，84 消毒液不能与酸性物质（如洁厕灵）混合使用，可能会产生有毒气体，猜测 84 消毒液在酸性条件下能否产生氯气呢？

【实验情境】连接实验装置，通过注射器将洁厕灵推入盛有 84 消毒液的锥形瓶中，并用湿润的淀粉-KI 试纸检测，观察发现试纸变蓝。

【得出结论】$NaClO + 2HCl = NaCl + H_2O + Cl_2\uparrow$

【生活指导】千万不要将 84 消毒液与洁厕灵混合使用。

教学反思

　　本节实验课的研究对象 84 消毒液来源于生活，是学生看得见的生活用品，探究能力符合学生实际，探究方法简单化、多样化，探究结果可以指导生活实际。整节课由多个问题构成，问题与问题之间相互联系、逐层深入，符合学生的认知特点。通过真实的问题情境让学生整理知识，构建基础的知识体系；采用问题引导学生实验能帮助学生顺利完成整个实验过程，并且问题的引入还能帮助学生关注实验中的细节问题，比如 84 消毒液可使 pH 试纸先变蓝后褪色，说明 84 消毒液具有碱性和漂白性，同时反映了 HClO 及其盐溶液不能使用 pH 试纸测定 pH。通过对 84 消毒液性质的探究，可以系统地将 84 消毒液的漂白性、碱性、腐蚀性、与盐酸反应等性质进行系统探究，避免了知识的碎片化，形成了一套完整的研究物质性质的体系。在研究物质性质的同时，又提高了学生实验设计、探究、创新的能力，使学生逐渐形成了化学实验思维。

第三章 建构认知模型的教学策略

从20世纪80年代以来,研究模型领域的专家与学者越来越多。随着社会与科技的发展,模型与建模是学生必须要掌握的能力。教育改革中越来越重视模型思想。2018年,中华人民共和国教育部颁布了《普通高中化学课程标准》。标准中提出的化学学科核心素养包括"证据推理与模型认知",并将"模型认知"表述为:知道可以通过分析、推理等方法认识研究对象的本质特征、构成要素及其相互关系,建立认知模型,并能运用模型解释化学现象,揭示现象的本质和规律。发展学生"证据推理与模型认知"的化学学科核心素养受到师生的高度重视。在化学教学中,教师要引导学生建构精准、正确的认知模型,以促进学生认知思维的结构化,增强学生对化学现象、知识、规律的深度理解,构建学生运用化学知识解决实际问题的思路。本章主要探讨如何建构认知模型的教学策略,以期能为广大化学教师提供参考。

第一节 几个概念的理解

在《教育大辞典》中定义模型是原系统的一种简化、抽象和类比,模型不包含原系统的全部特征,但要能体现出原系统的本质特征。1996年,美国国家研究理事会推出的《美国国家科学教育标准》中是这样定义模型的:模型是对真实事物、单一事件或某一类事件具有诠释作用的体系、结构。吉尔伯特认为模型是连接科学理论与客观现实世界的桥梁。我国学者认为模型是为了达到目的而对客体从定性、定量等角度进行分析的一种概括和描写。模型的定义虽有差异,但无论我们站在何种角度,都认为模型是对客观事物的一种简化和概述,它能够帮助我们去理解相关事物以及去解决实际问题。

化学认知模型是指人们对真实化学原型的特征、现象、性质、规律等进行认知的过程模型。化学中认知模型包括很多种,比如概念模型、实物模型、结构模型、理论模型、符号模型、过程模型、图像模型、数学模型等。要全面而准确地理解化学认知模型,需要教师进行深入的研究。很多教师在认知模型的理解方面存在问题,比如有些教师简单地认为认知模型就是课堂中进行总结的思维导图、物质合成路线图、规律总结、图像图表、实验流程等,没有认识到它是学生根据研究化学问题的科学思维方法所构建的对化学研究对象的模型,最终指向解决现实问题。比如,在课堂中教师将分子式、电子式、结构式、结构简式、化学方程式这些认知模型当作概念教授给学生。学生从中并没有学习到研究化学的科学方法。这些碎片化的、孤立的认知模型并不能帮助学生理解化学变化规律,也不能帮助学生预测某些化学现象和性质。

模型认知是指基于模型进行认知事物和解决问题的一种科学思维方法。化学学科核心素养中的模型认知包括四个不同的层次:认识化学认知模型、掌握构建模型的方法、探索模型建构、运用所建构的模型解决问题。模型认知活动是为了更进一步的发展与完善认知模型。若说教师在教学活动中引导学生建构认知模型是为了今天"教会"学生,那么学会模型认知的科学方法是为了明天的"不教"。总之,认知模型与模型认知是相辅相成的关系。

第二节　认知模型建构过程

认知模型的建构是一个不断发展、不断优化、层层递进的过程,需要学生不断地探索和深入地理解。它的建构经历以下几个阶段:

(1) 认知模型建构准备阶段。学生在以往的学习经验中已经建构了很多简单、朴素的模型。在面对新的问题时,学生需要确定研究的对象和目的,并从以往的知识储备和相关经验中调取已有模型进行选择。

(2) 认知模型建构酝酿阶段。根据以往的相关经验或者对所选择的模型进行适当的重新改造从而建立模型的雏形。

(3) 认知模型的搭建阶段。采用科学的方法和模型材料把模型的雏形搭建起来。

(4) 认知模型的检验与确定阶段。结合一定的背景知识,采用不同的方式方法检验和测试所搭建的模型,如有问题需要再次进行修正。

(5) 认知模型的"精致"阶段。在认知模型建构之后,还需要对其不断地调整、不断地修正,使之符合解决当前问题所需。

(6) 认知模型的再发展和再建构阶段。建构的认知模型并不仅仅是为了解决某一个问题。而是促进学生掌握建构认知模型的方法。当学生面对更艰难的问题时,能够利用建模的方法再发展和再建构认知模型,以用来深度剖析和解决问题。

第三节　建构认知模型的教学策略

一、在模型认知的过程中构建认知模型

"模型认知"与"认知模型"并不是孤立的,教师要树立二者融为一体的教学思想。在化学的发展过程中,科学家已经巧妙地建立了很多的化学认知模型。在教学过程中,教师要善于利用这些模型引导学生建构认知模型。比如原子结构模型的发展。1803年,道尔顿提出原子是一个坚硬的实心小球。1897年,约瑟夫·约翰·汤姆孙发现了电子,从而否定了道尔顿的实心球模型。原子结构模型从道尔顿的实心球模型,到汤姆孙提出原子的葡萄干蛋糕模型,再到卢瑟福原子的行星模型和波尔量子化,直至现代的电子云模型,科学发展的历史见证了模型改进和完善的过程。教师在引导学生建构原子结构的认知模型时,不能简单舍弃掉原子的实心球学说和葡萄干蛋糕模型等,应该启发学生在认识一系列原子结构模型的认知活动中,自主进行去其糟粕、取其精华。

在建构苯分子结构的认知模型中,如果教师只是简单地将苯分子的结构认知模型展示给学生,那么就相当于直接告诉学生苯分子的结构就是这样的,学生并没有建构苯分子认知模型的过程,并不能掌握建构认知模型的方法。教师可以引导学生根据苯的分子式 C_6H_6,结合之前学习的有机物结构与性质认知模型,猜测苯分子的可能结构,再通过实验探究及其他的相关理论知识,最终推测出苯分子最合理的结构认知模型。学生通过结合以往认知模型,建构新的认知模型,并不断对模型进行修正,重新构建和发展认知模型。在此过程中学生进行了有意义地学习,掌握了建构认知模型的方法。

二、巧设情境,丰富建构认知模型的素材

创设情境,由境生情,人在境内。建构主义学习观表明,学生并不是被动地接受教师传授的知识,而是通过师生的有效活动,在教师创设的一定情境中主动学习并获得知识。模型是对原型的一种抽象概括。学生能否有效地建模,取决于对原型的理解。创设有效的教学情境,不仅可以吸引学生的注意,而且可以帮助学生更好地理解建模要素的内涵以及要素之间的关联,有助于学生建构认知模型。这就要求教师在创设教学情境时,要注意所创设的情境能否激发学生对原型的思考,能否帮助学生更好地建模。教师可以采用问题情境、真实社会问题、生活中的化学、实验、化学史等多种手段进行创设情境。比如教师在进行"离子反应"教学时,可以

创设真实问题情境：非洲猪瘟导致大量的猪死亡，猪肉价格上涨，养殖户经济损失严重。微量的硫酸铜对动物生长发育、造血、骨骼发育、神经传导、铁的吸收等方面有着促进作用。硫酸铜是动物饲料的添加剂。而一些养殖户在饲养过程中大量添加硫酸铜，导致猪因过量摄入铜离子而中毒。同学们能否找到一种试剂可以对猪进行解毒呢？由于学生对猪肉价格上涨深有体会，同时教师所创设的情境又是真实发生的，所以问题一经提出就激发了学生的求知欲，迫切想帮助养殖户解决真实问题。

三、明确学生建构认知模型的起点，培养学生建模的意识与思维

建构主义理论强调学生不是空着脑袋走进教室的。学生在生活和学习过程中，已经形成了丰富的知识经验，教师不能忽视学生的这些经验，而每个学生所具备的经验各有不同。教师要关注学生的基础和学生之间认知水平的差别，尊重欣赏每一位学生。学生的认知水平影响对建构认知模型要素的理解。学生根据自身的认知结构，思索模型要素间的本质关联，从而进行建模，最终模型又会整合到学生的认知中去。所以，教师在进行建构认知模型教学时，要调查清楚学生的已有知识基础与储备，明确学生建模的起点。面对不同层次的学生要注重因材施教。对不同层次的学生采取不同的教学策略创设不同的教学情境，最终促进每一位学生建模能力的发展。

同时，在教学中，教师要注重启发学生的建模意识和培养学生的建模思维。意识是学生建构认知模型的前提。只有采用合适方式启发学生的建模以及用模型解决问题的意识，才能更好培养学生的模型思维。学生建模思维能力的发展不是一蹴而就的。从对学生进行模型意识激发到意识的强化与发展，最终到模型思维能力的发展，都需要教师在此过程中进行一步步的引导，循循善诱，因材施教。教师可以采用化学史、有效的课堂问题、创设问题情境等方式启发学生的建模意识。比如在进行元素周期表和周期律的教学时，学生通过对门捷列夫制作第一张元素周期表过程的了解，以及通过所制作的元素周期表探索元素性质之间的变化规律的学习，不仅让学生认识并学习了元素周期律，同时还启发了学生利用元素周期表与元素周期律模型去解决化学问题的思维。通过化学家探索化学问题、建立化学模型以及化学模型的发展演变的化学史，启发学生的模型意识，激发学生通过建构认知模型解决当前问题，为后续建模思维能力的发展做好铺垫。

建模思维能力的发展是一个循序渐进的过程，教师在教学过程中要采取各种手段与方法，使学生由最初的模型准备阶段发展到建构模型、应用模型及再建构、再发展的水平。高中阶段中的化学认知模型可以分为实物模型、思维模型、数学模型、符号模型等。学生认识、识别、表征这些化学认知模型是建模思维能力发展的初级阶段。在学生对化学认知模型有了一定的认识之后，教师在教学过程中要引

导学生对认知模型进行更深入地理解和应用,从而促进模型思维能力的形成。比如在有机化学教学时,学生首先要理解有机物的分子组成与结构特点,即有机物的结构式结构简式、分子式、电子式、空间构型、官能团等。甲烷的典型反应是与卤素单质的取代反应。在反应过程中,甲烷分子中的C—H键断裂,氢原子被卤素原子取代。丙烯分子中含有碳碳双键,能够发生加成反应,除此之外丙烯中还含有—CH_3,学生根据甲烷性质模型可以推测丙烯也能发生取代反应。要想使学生达到自主建构认知模型的水平,还需要教师进行有效的引导。比如教师引导学生对繁杂的知识进行精炼,在知识梳理的过程中建构认知模型。学生在学习元素与化合物中往往会遇到学习障碍,这时他们只是孤立地、局部地死记硬背知识点,事倍功半。教师要引导学生从物质的类别、结构、性质等方面去思考知识的内在联系,从而建构元素化合物的认知模型。

四、建构认知模型过程中要把握主体性、应用性、预测性原则

教师要改变照本宣科的教学方式,深刻认识到建构认知模型的主体是学生。在建构模型的过程中,教师起到引导作用,坚持以学生为主体的原则,学生自主分析建模要素之间的关联、自主进行建模。建构的化学认知模型是基于化学事实,同时模型还要能够应用于解决实际问题,解释与研究对象相关的化学事实。此外,化学认知模型是动态的、变化的,不是一成不变的。认知模型要能够超越目前的条件,具备指导研究方向的功能和科学预见性。比如在建构元素于化合物的认知模型中,学生可以应用模型去预测其他有关元素的性质。教师在引导学生建构认知模型的过程中,要综合把握这些原则。

时代快速发展,科技日新月异地变化,国际竞争日益激烈。社会急需高素质人才,提高国家的科技核心竞争力,我国教育面临着巨大的挑战。建构认知模型是中学生化学核心素养中重要的一部分。教师要认识到认知模型在化学教学中的作用,认识到建构认知模型对学生综合素质发展的价值。教师要将建构认知模型真正地渗透到化学教学中去。这就要求教师要不断地提高自身的素质与能力,跟上时代的发展,拓宽教学思维,为我国中学生综合素质的提升贡献自己的力量。

第四章 外显素养的学生活动设计策略

第一节 中学化学外显素养的内涵

随着教学改革的深化,核心素养背景下,学科教学更强调对学生核心素养的培养。核心素养的培养是中学化学教学中的核心教学目标,涵盖了观察、推理、领悟、注意等诸多内容。外显素养是相对于内隐素养而言的,强调个人通过外部行为,如观察、认知、推理等辅助内隐表征的个体行为表现,是教师在教学中的关键培养任务。对于中学化学这一学科而言,宏观辨识与微观探析、证据推理与模型认识属于外显素养的范畴,外显素养不仅是内隐素养的必要条件,外显素养与内隐素养之间还可以相互转化。因此,本章对中学化学外显素养的内涵进行分析,从中学化学外显素养的概念以及联系出发进行阐述,再结合具体教学实践,针对性地提出在学生活动中彰显外显素养的培养策略途径,从而培养学生的外显素养,提升综合素质。

一、中学化学外显素养的概念

核心素养,主要是指学生应具备的、能够适应终身发展和社会发展需要的必备品格和关键能力。核心素养是关于学生知识、技能、情感、态度、价值观等多方面要求的综合表现,是每一名学生获得成功生活、适应个人终身发展和社会发展都需要的、不可或缺的共同素养,对于高中化学学习而言,最终的教学目标不是为了让学生掌握基本的化学方程式等知识点,而是在学习基础知识的基础上,培养学生的观察能力、动手能力、操作能力以及解决和分析问题的能力。

中学化学这一学科针对学生学习化学之后要形成的正确价值观念、必备品格和关键能力提出了具体的要求,其中凝练的高中化学学科的核心素养,具体包含以下五个方面:宏观辨识与微观探析、变化观念与平衡思想、证据推理与模型认识、科学探究与创新意识、科学态度与社会责任。在教育心理学中,外显和内隐是其中的一个主要研究方向,教育心理学认为,根据记忆过程中意识的参与程度,可以分为外显记忆和内隐记忆,根据学习意识水平,学习也可以划分为内隐学习和外显学习,根据学习的实质,可以划分为外显行为和内隐行为,由此可以总结出,所谓"内隐"表征,是指在分析和理解问题的条件、要求、障碍的基础上,在头脑中形成整个问题的结构,强调的是个人的精神状态和思维方式。而"外显"表征,则是指通过外部行为,如观察、认知、推理等辅助内隐表征的个体行为表现。

由此可见,中学化学强调的核心素养大致可以划分为外显素养和内隐素养两个范畴。宏观辨识与微观探析、证据推理与模型认识属于外显素养的范畴,变化观念与平衡思想、科学探究与创新意识、科学态度与社会责任属于内隐素养的范畴。宏观辨析和微观探析强调学生能够通过观察来识别物质的宏观现象与微观层面,一方面,从宏观现象了解物质的一般形态、三态变化以及分类方式;另一方面,从微观现象了解物质的组成、结构和性质。证据推理与模型认识则对学生的要求更进一步,第一,要求学生能够学习搜集证据,基于证据提出自己的假设,并利用证据进行分析推理,从而得出较为科学的结论,能够利用因果关系等逻辑方式解释证据与结论之间的关系;第二,基于化学的基本模型,认知初步的化学现象,并根据化学现象分析模型并解释模型,预测可能出现的结果,从而构建起能够解决一般问题的思路框架。

二、中学化学外显素养与内隐素养的联系

1. 外显素养是内隐素养的必要条件

外显素养是内隐素养的基础,外显素养的高低直接决定了学生在解决实际化学问题时的能力的高低,现阶段外显素养的培养是中学化学教学的重难点,在具体开展教学的过程中,学生难免会对于概念把握不清、混淆概念甚至会认为概念枯燥难懂,从而产生排斥化学学习的心态,实际上概念学习的不足体现的正是学生外显素养的缺乏,学生具备了基本的外显素养能力,不仅仅是认知和了解概念等知识点,也需要在基础教学中融入核心素养教育,为进一步内隐素养的培养打下基础。如在外显素养中强调的证据推理与模型认知能力,是中学化学教学的基本要求,在近年来的考试试题中,越来越呈现出通过大量图标、新情境设置将核心能力的考察融入其中,尤其是将化学实验作为重要考点,更强调教师引导学生构建模型,运用模型进行化学实验题解题的深度复习,培养学生分析问题和解决问题的能力。模型认知能力的培养,不仅能帮助学生运用所学的化学知识,正确判断、解释、说明有关化学现象及问题,同时也能提高化学课堂教学效率,更好地达到课堂教学目标,培养学生的逻辑能力和创新意识。

2. 外显素养与内隐素养可以相互转化

外显素养的本质就是利用外在的观察、实验等手段培养学生的抽象能力和思考能力。所谓抽象能力,是指学生在思考的过程中,从大量的数量关系或者图形关系中抽象出知识点概念来了解概念以及概念之间的关系,得出一般规律的过程,所以在学习概念时,不仅仅是要让学生将这些概念作为知识点进行认知和记忆,也是

要让学生通过观察、实验,从大量的数量关系和图形关系中去进行梳理的过程,从而在过程中培养学生的抽象能力、概括能力,使得学生可以深入的把握化学学习的本质,培养抽象思维方式。除此之外,内隐素养的提升也反过来会影响外显素养,学生可以在观察和实验的基础上,对现实中的具体问题进行抽象,能够运用符号和公式关系去对现实中的具体化学问题构建模型,通过构建具体模型去解决实际问题。实际上化学教学的主要目的就是运用概念去解决问题,因此在实际场景中,让学生从化学的角度去发现问题和提出问题,并且能够结合外显现象,进行相应的建模,具体分析问题,构建模型之后得出结论,最终解决实际问题。在这一过程中,不仅能够提升学生的探索能力和思维发展能力,也能够提升学生举一反三的应用能力和创新意识。

第二节 学生活动中彰显外显素养的培养

一、创设化学情境,引导学生观察

化学教学的第一步,是通过情境进行概念引入,随着近年来新课改要求的转变,情境式教学成为一种适用于当前课堂的创新型教学方法,情境式教学模式是借助案例或者信息化方式创设具体情境,在具体情境下唤起学生的情感体验,激发学生的思考和表达欲望,提高学生的学习积极性,从而有目的地提升学生的参与积极性和思维能力,达到教学目的。将情境引入应用于概念教学,不仅解决了学生认为化学方程式枯燥乏味、对化学课堂不感兴趣等问题,也大大提高了教师的课堂教学效率,利用具体情境帮助学生打开思路,培养学生的宏观辨析和微观探析能力。如在中学化学中,概念教学是中学化学学习阶段的一个重要组成部分,概念学习不仅是化学学习的基础,也是学生解决实际问题的前提条件,教师可以利用概念教学,帮助学生建构模型认知,如让学生通过观察碳酸钠这一种物质,让学生认识到碳酸钠既隶属碳酸盐,又隶属钠盐;碳酸钾既属于钠盐,又属于硫酸盐,从而明确物质的分类,得到对物质的宏观印象。

二、构建化学模型,获得清晰认知

在传统化学教学中,教师在讲解知识点的过程中,往往采用讲授法的方式去讲解物质的概念,一般是教师讲、学生听,学生在学习的过程中始终处于一个被动接受的状态,没有进行主动的参与和思考,因此对于学生而言,他们很难从根本上去认知化学基础知识点的含义,并且也无法结合概念的文字描述去创设具体场景,很难对知识产生真正的理解,因此在培养学生外显素养教学中最关键的一点是,教师应该摆脱传统的教学方式,不是让学生去强迫记忆和死记硬背,而是让学生去构建起概念的探索模型,在不断深入探索的过程中,去促进基础知识的形成,让学生通过观察数据以及图形去提炼信息,在模型认知思维形成的过程中,并不是让学生空想就能构建的,而是需要教师通过实际的演示帮助学生形成基本的感知,随着信息技术的发展,教师还可以利用网络工具,如通过网络教学工具绘制图形,或者通过Flash动画等形式让学生产生基本的图形和模型思维。

三、渗透模型思想,深入拓展迁移

模型认知对于学生而言是"高大上"的概念,实际上,通过教师创设具体情境、列举典型案例,可以有效地将模型认知思维渗透到学生的思想中去,所谓渗透,是指教师潜移默化地向学生阐述模型思维。对于中学生而言,单纯地给他们讲解理论性的"模型是什么"效果不好,需要结合学生的基础和兴趣点,通过具体实例在学生的生活和学习中形成化学模型思维,并意识到运用模型可以高效地解决现实生活中遇到的问题,从而形成良性循环。经过对知识点的初步认知阶段,教师需要进一步对知识点进行拓展和迁移,帮助学生形成系统化、结构化的认知,构建基本思考框架,通过迁移等方式进行外显素养的深化。中学化学的教学过程往往缺乏结构性的设计,教师在教学策划上的视野没有放得更加长远,只是局限在单个课时的情境或者活动设计,没有将教学过程和学生的长期思维能力的培养结合在一起。比如在单元学习的过程中,每一个单元或者每一个学段的教学之后,教师没有拿出时间和精力来指导学生针对此单元进行复习和回顾,学生跟着教师的教学节奏没有形成知识系统化思维,单元意识不强,在知识点的学习过程中,有没有意识到知识点和知识点之间的联系,需要教师在教学过程中就渗透这种拓展和迁移的思维,潜移默化地在学生外显素养的提升过程中深化内隐素养。

四、结合具体学情,利用小组力量

在中学化学学习的引导过程中,需要强调的是,要紧紧围绕着学生的学情去进行引导和评价,学生是教学中的主体,同时也是课堂活动的主体。在课堂化学活动主题的设置中,首先要考虑到学生的接受情况,只有使得活动的设置符合学生的学情实际情况,才能在教学中围绕学生学情,让学生充分参与到化学活动过程中,如针对高年级的学生,布置化学实验的小组合作活动,对于高年级的学生而言,他们已经对基本的化学知识点有了一定的把握,在活动参与的引导过程中,更强调深化学生的外显素养。为了更好地开展化学活动设计,首先要对学生进行分层,根据问卷、访谈等方式确定分层标准,将班上学生划分为若干个小组,为后期的活动分层开展奠定基础。对学生进行分层之后,有针对性地根据各组学生的特点进行活动设计。一方面,教师在进行化学课堂活动设计时要充分考虑到各组学生的差异,在新课标的要求下,布置既能够让学生产生兴趣,激发他们的积极性,又能够让学生综合素质得到培养和提高的活动形式;另一方面,教师在进行化学活动设计时,要利用小组力量,让学生开展自主学习、小组合作学习,提升学生的化学学习素养。

学科核心素养是学科教育在全面贯彻党的教育方针、落实立德树人根本任务、发展素质教育中的独特贡献,是学科育人价值的集中体现,是学生通过学科学习之后而逐步形成的正确价值观念、必备品格和关键能力。对于中学化学这门学科而言,所谓核心素养是学生学习中学化学这门学科的关键,是教师在教授中学化学这门学科时要培养学生的本质素养,相比于其他学科是不可替代的存在。外显素养是相对于内隐素养而言的,通过有效的学习方式,帮助学生在学习化学的过程中培养宏观辨识与微观探析、证据推理与模型认知两大外显基础素养,不仅能够奠定化学学习的基础,也为进一步培养学生的内隐素养提供了条件。在学生活动中彰显外显素养。首先,需要教师创设化学情境,引导学生观察,在具体情境下唤起学生的情感体验,激发学生的思考和表达欲望。其次,需要构建化学模型,使学生获得清晰认知,不是让学生去强迫记忆和死记硬背,而是让他们去构建起概念的探索模型,在不断深入的探索过程中,去促进基础知识的形成。再次,需要渗透模型思想,深入拓展迁移,需要结合学生的基础和兴趣点,通过具体实例让学生在生活和学习中形成化学模型思维,并意识到运用模型可以高效地解决现实生活中遇到的问题,从而形成良性循环。最后,需要结合具体学情,利用小组力量,让学生开展自主学习、小组合作学习,提升学生的化学学习素养,增强学生的综合素质和综合能力。

第三节 教学过程案例分析

学科核心素养是学生通过学习逐步形成的正确的价值观念、必备品格和关键能力,它是学科专家将原有的三维目标进行一定程度的总结而凝练出的该学科的核心内容,它是学生综合素质的具体体现。

化学学科的五大核心素养相互联系、相辅相成,如图4.1所示。"宏观辨识与微观探析"最能体现学科的本质——在原子、分子水平上研究物质的组成、结构、性质、转化及其应用。"变化观念与平衡思想""证据推理与模型认知"更加侧重于分析、解决化学问题的方法。"科学探究与创新意识"更多地落实在实践操作方面,"科学态度与社会责任"则上升到人与社会等更高层次的追求,是化学学科育人功能的重要体现。这五个方面各有侧重,教师很难在一节课中将五大素养完全体现出来,因此,我们需要根据教学内容的特点,有所侧重地培养。例如,"宏观辨识与微观探析"适用于物质的结构决定性质内容的学习,诸如元素周期表、有机化合物等的学习。"变化观念与平衡思想"适用于物质转化、化学平衡等内容的学习。

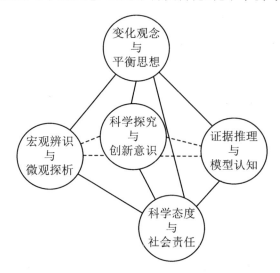

图 4.1 化学核心素养要素结构

马翠翠等人通过问卷调查等方式调查了南宁市 M 中学高一 A1、A2 两个平行班的学生对于化学核心素养的认知水平。结果如表 4.1 所示。

表 4.1 五大化学核心素养水平的平均值

	实验班 A1				对照班 A2			
	不合理	水平 1	水平 2	水平 3	不合理	水平 1	水平 2	水平 3
宏观辨识与微观探析	5.13%	64.60%	22.19%	8.08%	3.14%	67.64%	21.68%	7.54%
变化观念与平衡思想	7.06%	63.61%	24.05%	5.28%	6.29%	62.78%	25.25%	5.68%
证据推理与模型认知	7.44%	66.30%	21.17%	5.09%	6.92%	67.56%	21.38%	4.14%
科学探究与创新意识	8.38%	65.58%	21.02%	5.02%	9.43%	64.71%	20.59%	5.26%
科学态度与社会责任	4.49%	62.59%	27.49%	5.43%	5.66%	62.63%	26.99%	4.72%

表 4.1 中化学核心素养发展水平的评价标准主要是以新课标中提出的"化学

学科核心素养的水平划分"标准作为参照,根据学生的答题内容划分为:不合理、水平1、水平2、水平3,其中不合理是指空白题或答题内容未体现一定素养的作答,水平1~3是参考化学学科核心素养划分标准来进行评定的。

结合整体来看,学生在宏微观素养及科学精神等方面表现相对要好一些,而在变化观念、证据模型与实验探究这几个方面的素养相对薄弱。因此教师在教学时要注重引导学生全面发展五大核心素养。在素养水平上,绝大部分学生的素养能力还是处于水平1阶段,说明学生的素养能力相对薄弱,还需要继续加强培养,因此,开展素养为本的学生活动是极其必要的。

前一节内容已经具体介绍了学科素养教学的理论基础,本节将从实际教学方面探讨体现核心素养的学生活动设计策略。

"有机化合物"是人教版化学必修2第三章的内容,该章内容为后续选修5《有机化学基础》的学习做了铺垫与基石。该章节内容充分体现了化学与生产、生活、社会的联系。将我们日常生活中熟悉的物质与教材中的知识相联系,既让学生们能真切感受到社会的发展离不开化学,也进一步拓宽了他们的视野,建立新的认知框架。教材以典型且熟悉的有机物甲烷、乙烯、乙醇、乙酸等为切入点,引导学生从结构的角度重新认识他们,加深对有机物的整体认知,有利于"宏观辨识与微观探析""证据推理与模型认知""科学探究与创新意识"等素养的培养。通过与其他化学老师的交流,最终选择了人教版化学必修2"最简单的有机化合物——甲烷"作为教学实践案例。2017版新课标"简单的有机化合物及其应用"主题的要求如表4.2所示。

表4.2 2017版新课标"简单的有机化合物及其应用"主题的要求

		具体要求
课标要求	内容要求	1. 有机化合物的结构特点 知道有机化合物分子是有空间结构的,以甲烷、乙烯、乙炔、苯为例认识碳原子的成键特点,以乙烯、乙醇、乙酸、乙酸乙酯为例认识有机化合物中的官能团。知道有机化合物存在同分异构现象 2. 典型有机化合物的性质 认识乙烯、乙醇、乙酸的结构及其主要性质与应用;结合典型实例认识官能团与性质的关系,知道氧化、加成、取代、聚合等有机反应类型。知道有机化合物之间在一定条件下是可以转化的 3. 有机化学研究的价值 知道合成新物质是有机化学研究价值的重要体现。结合实例认识高分子、油脂、糖类、蛋白质等有机化合物在生产、生活中的重要应用 4. 学生必做实验 (1) 搭建球棍模型认识有机化合物分子结构的特点; (2) 乙醇、乙酸的主要性质;

续表

		具体要求
课标要求	学业要求	（1）能辨识常见有机化合物分子中的碳骨架和官能团，能概括常见有机化合物中碳原子的成键类型，能描述甲烷、乙烯、乙炔的分子结构特征，并能搭建甲烷和乙烷的立体模型，能写出丁烷和戊烷的同分异构体； （2）能描述乙烯、乙醇、乙酸的主要化学性质及相应性质实验的现象，能书写相关的反应式，能利用这些物质的主要性质进行鉴别； （3）能列举合成高分子、油脂、糖类、蛋白质等有机化合物在生产、生活中的重要应用，并结合这些物质的主要性质进行简单说明； （4）能从有机化合物及其性质的角度对有关能源、材料、饮食、健康、环境等实际问题进行分析、讨论和评价，能妥善保存、合理使用常见有机化学品

甲烷是学生由无机化学模块向有机化学模块过渡的第一课，在此之前，他们只知道甲烷的化学式，尚未接触过它的分子结构，而分子结构太抽象，必须借助模型才能帮助学生感知。因此，甲烷分子的立体结构的推断成为本节课的第一个难点。为了帮助学生理解，同时增强他们对化学学科的兴趣，本节教学活动的设计极其关键，也是将"宏观辨识与微观探析""证据推理与模型认知"等核心素养落地生根的关键。本节课的第二个难点是甲烷取代反应的产物分析，书本中通过定性分析得出结论，为了让学生真切感受到甲烷与氯气发生取代反应后的产物有多种氯代甲烷，本节教学提供了相应的实验数据，这将更有说服力，也符合科学探究的一般思维，同时也是培养和落实"证据推理与模型认知"等核心素养的方法。

接下来，将按照课堂实录将本节课的内容呈现出来，重点是设计学生活动培养学生"宏观辨识与微观探析""证据推理与模型认知"以及"科学探究与创新意识"三方面的核心素养。

新课导入部分设置了这样一个问题：为什么说甲烷是一种高效的清洁能源？并提供了碳、汽油、甲烷的燃烧热：-393.5 kJ/mol、-5472 kJ/mol、-890.31 kJ/mol。这一活动的目的是想培养学生的证据推理能力。思考一会儿后有同学开始发言：计算 1 g 碳、汽油、甲烷放出的热量分别为 32.79 kJ、48 kJ、55.64 kJ，此外，甲烷燃烧产物无污染，由此得出上述结论，其他同学对此也表示赞成。随后，再次让同学交流讨论是否能通过其他数据进一步证明呢？经过交流讨论并计算，这时又有同学提出：我们还可以计算产生相同质量的 CO_2 放出的热量，结果表明产生 44 g CO_2，碳、汽油、甲烷放出的热量分别为 395.3 kJ、684 kJ、890.31 kJ。或者计算放出相同热量时，产生 CO_2 的多少，结果表明甲烷燃烧产生的 CO_2 最少。该同学说完，立马得到了所有同学的支持。最后教师小结：这种定量计算的方法直观、准确，是很有说服力的证据。通过提供这些数据，同学们能得出这些结论正是培养"证据推理与模型认知"这一素养的要求之一。

接下来,进入到了"甲烷分子结构的探究"这一难点。首先在书写完甲烷的电子式和结构式之后,开始了小组活动。利用教师提供的牙签和橡皮泥组建甲烷的立体结构。经过几分钟的讨论、交流和尝试后,最终呈现了三种可能的结构:正方形、正四棱锥、正四面体。很显然,甲烷的空间结构只能有一种,因此,我们需要找出更多的证据来进一步证明。据此,在课堂上设置了这样几个追问:① 模型中的牙签代表什么?学生都清楚是共价键。② 共价键的本质是什么?学生也知道是原子间的相互作用。③ 两个共价键相互靠近会怎么样?学生回答相互排斥。④ 为了使甲烷分子稳定存在,需要具备什么条件?这时学生恍然大悟:共价键应该尽可能的远离,两个碳氢键的夹角应该尽可能的大。接着,教师解释这个夹角叫做键角。然后,教师小结:自然界中的一切物质都是趋于稳定状态的,因此,甲烷分子的键角必须尽可能大,由于甲烷分子的碳氢键完全相同,因此它高度对称,键角也完全相同。由此,大家是否能断定甲烷的空间结构是哪一个?稍作思考后有同学说是正四面体,因为其他两种结构的键角不完全相同,如正方形结构的键角有 $90°$ 和 $180°$ 两种。随后,教师把完全相同的 4 个气球用相同长度的细线系在一起,连接处代表碳原子,4 个气球代表氢原子,然后抛至空中,学生也发现自然状态下,它所呈现的形状与甲烷的正四面体相符。最后,教师提供了一条更加有说服力的证据:科学家通过电子衍射实验证明甲烷分子的碳氢键强度与长度均相等,键角也相同。

这一环节将"甲烷是正四面体结构"这一知识由传统的教师教授转变为学生自主探究,在教师引导下,学生从多角度分析,充分挖掘证据,亲身感受科学探究的过程与方法,发展"证据推理"与"科学探究"意识,从而构建微观结构与认知模型。

本节课教学的重点内容是"甲烷的化学性质——取代反应"。人教版化学必修 2 教材对甲烷和氯气的反应现象描述:光照时,试管内气体颜色逐渐变浅,试管壁出现油状液滴,试管中有少量白雾。笔者认为:"试管壁出现油状液体"这一现象不能充分说明反应产生了二氯甲烷、三氯甲烷、四氯化碳,也可能是试管中的水珠。基于此,本节课对该实验进行了如下改动:取两个量筒,分别将 20 mL 甲烷和 80 mL 氯气通入量筒并倒扣入饱和实验水中,其中一个量筒用黑色纸套套上,另一个放在光亮处,片刻后记录现象。本实验采取的是教师演示的方式。学生甲发现套在黑色纸套的量筒几乎没有变化,而光亮处的量筒内出现以下现象:混合气体颜色消失,有白雾,液面上升,食盐水中有片状沉淀。对于这一回答,笔者给他的评价是不够准确。于是,该生再次仔细观察后补加一条:液面上升的体积约为 30 mL。随后,笔者对此实验设置了 3 个问题链:① 液面为什么上升?② 液面上升了 30 mL 说明什么?③ 食盐水中的片状沉淀是什么?依据这些问题提供了表 4.3 的信息。

表 4.3　几种有机物的沸点与溶解性

物质	沸点/℃	溶解性
一氯甲烷	−23.73	难溶于水
二氯甲烷	39.75	难溶于水
三氯甲烷	62	难溶于水
四氯化碳	76.8	难溶于水

稍作思考后,学生开始发言:液面上升的原因是体系的气压降低了,食盐水中的片状沉淀是 NaCl 固体,再结合产生白雾这一现象,说明反应后产生了 HCl。对于这位同学的回答,笔者给了他一个满意的评价,随后追问:问题②说明了什么？这一问题,包括该学生在内的很多学生都迷茫了。接着,笔者让他们开始分组交流讨论。几分钟后,有小组同学开始分析:"液面上升约 30 mL"这一现象说明反应后既有 CH_3Cl,也有其他液态的氯代甲烷产生。并做如下分析:$CH_4 + Cl_2 \xrightarrow{光照} CH_3Cl + HCl$,该反应的反应物和产物均为气体,由于 HCl 极易溶于水,所以反应后最多会使液面上升 20 mL,因此,"液面上升约 30 mL"这一现象表明 CH_3Cl 会和 Cl_2 继续反应生成其他的液态不溶于水的有机物,应该是 CH_2Cl_2、$CHCl_3$、CCl_4 的混合物。该生说完立马迎来了大家的掌声。然后,笔者对该反应的机理进行了分析,并引入取代反应的概念。学完这些之后,笔者提出问题:如果甲烷是平面正方形,CH_2Cl_2、$CHCl_3$ 会有几种可能的结构？同学们稍作思考得出答案:CH_2Cl_2 存在两种可能的结构,$CHCl_3$ 只有一种结构。随后,笔者再次提出问题:你是否有其他方法证明甲烷是正四面体结构？这时同学们齐声回答:可以根据 CH_2Cl_2 的空间结构反证。最后,笔者让同学们利用桌上的橡皮泥和木棍搭建 CH_2Cl_2 的球棍模型进行模型演示,他们发现确实只有一种结构。

这一环节通过实验装置的优化和对比,引导学生一步步通过实验现象思考。从实验现象得出该反应的条件是光照,利用获得的实验数据最终推断出反应的产物,也让学生认识到甲烷和氯气反应的复杂性。这一教学既能让学生深刻理解甲烷和氯气反应的原理,同时也切身体会了科学探究的一般思路和方法。

通过对实验现象的宏观认知,并借助模型对反应本质进行演示并加以分析,这既是建立"结构-性质"的联系,也是对"宏观辨识与微观探析"素养的培养。通过教师的演示实验、实验装置的改进以及对实验数据的收集与分析,既让学生了解了科学探究的一般思路,也培养了学生"证据推理与模型认知"和"实验探究与创新意识"的素养。

总之,核心素养的落实并非一朝一夕就能实现的,这就需要老师在日常教学中精心设计,不断尝试,逐渐渗透,笔者认为可以从以下几个方面进行思考:

1. 强化概念与原理

概念和原理是高中化学最基本的内容,因此,在教学过程中,教师既要注重对学生核心素养的培养也要重视他们对基本内容的掌握。例如,人教版化学选修4《化学反应原理》中所阐述的盖斯定律,学完后几乎所有学生都知道它所描述的意思,但只有很少学生能将盖斯定律的内容完整地复述出来。因此,教师在教学过程中必须要重视对于概念和原理的教学,只有教师重视了,学生才会重视。

2. 合理创设化学学习情境

化学是一门实用性很强的学科,华为创始人任正非认为化学和物理、数学一样重要,任总说:"芯片问题的解决不是设计技术能力,而是制造设备、化学试剂等方面的问题,需要在基础工业、化学产业上加大重视。"化学学科在不断发展,促进社会生产和生活的不断变化,这就需要老师在创设情境方面要保证真实性和合理性,这样既能激发学生学习化学的兴趣,也能培养他们的社会责任感。

3. 理论与实践相结合

生活中随处可见化学变化,因此,在进行教学时,应重视将理论与实践相结合,使学生能够学以致用。此外,化学实验也是重点内容,实践是检验真理的唯一标准,通过实验,能将一些晦涩难懂的知识简单化,并培养学生的实际操作能力,从而有效地培养学生的核心素养。

第五章 彰显"三重表征"的教学策略

第一节 化学"三重表征"的内涵

一、化学"三重表征"的含义

"三重表征"是由苏格兰格拉斯哥大学科学教育中心的约翰斯顿教授于1982年首先提出来的。

化学是一门研究物质的组成、结构、性质及变化规律的自然学科。性质与变化规律是从宏观层面进行研究的,而组成与结构是研究物质的微观层面,连接宏观和微观的桥梁与工具是化学符号。因此,美国《国家科学教育标准》指出:化学学习有三大领域:可观察现象的宏观世界;分子、原子和亚原子微粒构成的微观世界;化学式、方程式和符号等构成的符号与数学世界。简而言之,化学内容的学习其实就是从宏观、微观和符号三个方面对物质进行多重感知,于是化学学习的"三重表征"可以概括为:宏观表征、微观表征、符号表征。

表征可以分为外部表征和内部表征两种形式,信息的记载或者问题本身的提法称之为外部表征,而内部表征是指对信息的加工或者问题的理解过程。所以化学三重表征也可以分为三重外部表征和三重内部表征。根据表征的表现形式可以把化学三重表征概括为宏观知识、微观知识及符号知识的外在呈现形式和在头脑中的加工与呈现形式。具体而言,① 宏观表征是指对人类感知器官可以直接感知到的物质及其性质的外部和内部表征,如物质的气味、物质的形状、物质的颜色和物质的大小等,具有直观、生动、可以再现等特点。② 微观表征是指对构成物质的微观粒子及其性质进行的外部和内部表征,微观粒子包括分子、原子、离子、质子、电子、中子、原子团等。③ 符号表征是指对表示化学物质组成、结构、性质、变化、状态、数量、单位等的符号进行外部和内部表征,如分子式、方程式等。

(一)宏观表征

宏观表征即宏观知识或信息在大脑中记载和呈现的方式,主要是指物质所进行的外在可观察的现象在学生头脑中的反映。化学学科中的宏观表征的形成是基

于学生通过一定的观察和动手操作得到一些化学现象在学生头脑中的反映形成的,主要包括以下几类:

1. 物质的物理性质

物质的物理性质可以分为两类,一类可以通过感觉器官直接感知的,比如颜色、状态、气味;还有一类是在一定目的下进行观察所得,比如物质的溶解性,物质的熔沸点、密度、质量、体积等,例如在乙醇的学习中,学生可以直接观察到常温下乙醇是无色、有特殊香味的液体,然后再根据实验可以验证乙醇的熔沸点、水溶性。

2. 物质的化学变化

物质在发生化学变化时也会伴随一些宏观的现象,比如沉淀的生成及颜色的变化,气体的产生及气体的颜色和气味、反应过程中吸放热现象等。学生可以根据这些现象来判断一个反应的快慢。

宏观表征的形成为微观表征和符号表征方面的化学学习打下了基础,但是宏观表征的零散性和繁多性,使很多学生仅仅停留在宏观思维水平上,难以构建系统化知识结构,不利于学生领悟化学学科的本质真谛。因此在形成宏观表征的思维基础上,还要注重学生在微观和符号方面的思维方式的形成。

(二) 微观表征

微观表征即宏观知识或信息在大脑中记载和呈现的方式,主要是指物质的一些不能经过直接观察的结构、组成等微观知识在学生头脑中的反应。微观表征不是浅层次可观察的,而是深入的、抽象的对物质本质上的理解和认识。相对于宏观表征,微观表征相当于对事物从感性到理性思维上的上升。高中阶段微观表征主要体现在物质的结构与性质部分,具体包括以下几个方面:

1. 物质的微粒性

在化学知识的学习中,我们知道物质都是由肉眼不可见的粒子构成的,而且这些粒子都在不停地做布朗运动。科学家们会通过一些想象将微观的粒子与宏观表征联系起来,比如"电子云"。

2. 微粒间的相互作用

宇宙中的万事万物都存在着微粒间的相互作用,这些是肉眼不可见的。比如化学键(离子键、共价键、金属键)、分子间作用力。化学反应的本质就是旧键的断裂和新键的形成,可能是离子键的断裂,也可能是共价键的断裂,这些都是肉眼不可见的,需要教师的讲解和介绍,让学生去想象,甚至需要借助宏观的模型来帮助学生理解和感知,从而将知识点呈现和记载于脑中。

3. 结构决定性质

不同的化学物质有着相同或者不同的结构,而结构决定性质。尤其是在人教版化学选修5《有机化学基础》的学习中,官能团决定着各类化学物质的特殊性质,所以学生可以根据微观的表征去解释和归纳相应的宏观方面的化学性质,从而使知识变得条理化、结构化。

微观表征揭示的是化学变化的本质,是对化学知识本质层次上的理解,它将宏观和微观联系起来,是化学学习最核心的内容。微观表征是宏观表征的发展和深化,是化学知识由感性认识到理性思维的质的飞跃。所以,衡量学生能否正确理解知识的一个重要标志就是能否从微观方面进行表征。

(三) 符号表征

符号表征是符号在大脑中的呈现方式,是用符号来实现客体在头脑中的表征形式,是表征系统中较高级的表征。化学符号的表征主要包括三个方面:图形、英文字母和拉丁文。化学学科知识的学习就是靠这些化学符号将其简化,从而实现了对宏观和微观的抽象和概括。高中阶段在初中所学化学符号的基础上,进一步丰富和加深了对化学符号的学习,使得学生能够更加深刻地理解化学本质,利于表达化学信息,交流与思考化学问题。中学阶段建立起来的符号知识如下:

1. 实体符号

实体符号包括两类:元素符号和方程式。原子符号(Fe、S 等)、离子符号(OH^-、NH_4^+ 等)、化学式(CO_2、CH_4 等)、结构简式($CH_2 = CH_2$ 等)等都属于元素符号,可以表示物质的组成或者是组成元素之间的比例关系;方程式包括化学方程式(如 $2Na + 2H_2O == 2NaOH + H_2\uparrow$)、离子方程式($Fe + Cu^{2+} == Fe^{2+} + Cu$)、热化学方程式(如 $N_2H_4(l) + 2H_2O_2(l) == N_2(g) + 4H_2O(l)$ $\triangle H = -641.75 \text{ kJ} \cdot \text{mol}^{-1}$)、电极反应式,这些符号可以清楚的表示化学反应过程中的物质变化甚至能量变化。

2. 状态符号

状态符号是表示物质的聚集状态以及化学反应状态变化的符号。例如:s 表示固态,g 表示气态,l 表示液态,aq 表示水溶液,↑表示气体,↓表示沉淀等。

3. 结构符号

结构符号是表示物质结构的一些符号。比如电子式、结构式、原子结构示意图、电子结构示意图、电子排布式、电子排布图等。这一类符号能够直观的表示出微观粒子的构成与构型,对建立微观表征有着非常重要的作用。

化学符号可以称之为是化学学科独特的语言,是化学学习的基础,它可以将丰富的化学知识与信息用简洁的方式记载,也可以用直观的形式揭示物质内部变化的规律和原理,只有这样才能帮助学生更好地获得化学学科知识。化学符号中既包含着物质及其宏观现象,又包含着微粒及其相互作用,同时表达着内在的量的关系,它从原子、分子的微观层次准确地表达了宏观物质的变化,架起了跨越宏观和微观的桥梁。符号表征是宏观表征和微观表征的中介,是二者间的纽带,是三重表征中不可或缺的一环。

宏观表征、微观表征、符号表征这三种表征在学生的头脑中不是孤立的、单一的存在的,而是相互联系、紧密相关、互相转化的。任何单一的表征都不能完整地体现化学的本质。例如初次学习钠的性质时,学生仅仅通过观察实验现象得知钠的颜色、硬度、熔点、密度,与水反应时的物质变化和能量变化,这些以宏观表征的形式储存在学生的头脑中。学生还不能从钠的原子结构的角度去解释与水的反应,不能从金属晶体的结构方面去分析钠的物理性质。此时的学生在书写钠和水反应的化学方程式时,往往只去机械的记忆,还不能从定性和定量两个角度去分析,不能挖掘方程式背后的丰富信息,不利于信息的加工和提取。

第二节 高中化学"三重表征"思维方式的培养策略

三重表征思维方式是体现化学本质的特征思维方式,是化学学习的关键,可以促进学生对化学知识的理解和掌握,帮助学生用科学的眼光分析和解决问题,有助于提高学生的科学素养。但是三重表征思维方式的形成又是非常复杂的过程,调查表明,中学生化学学习三重表征思维方式尚未形成,缺乏将宏观、微观、符号三者进行有机结合的意识,缺乏任何一种表征或者任何一种表征相对薄弱,都会影响学生学习化学的水平和能力。三重表征思维方式的形成不能仅仅靠学生自己去探索实现,必须在教师的指导下通过一系列的化学教学活动形成。冰冻三尺非一日之寒,水滴石穿非一日之功。只有在平时的化学教学中多注意三重表征思维方式的培养,将其贯穿于日常教学中,对学生进行潜移默化的影响,才能达到教学目的。

一、提高教师"三重表征"的意识和能力

化学教学学习的系统包括教师、学生、教学内容和教学手段四方面的相互作用,所以培养学生形成"三重表征"思维可以从这四个方面入手。想提高学生的表征觉悟和表征能力,必须先提高教师的表征能力。这样就在无形中提高了对教师的要求,这要求教师本身能充分理解"三重表征"的意义,然后能用恰当的方式将其应用在实际教学中,并让学生清晰地感受到"三重表征"。在此基础之上,教师要学会引导、循循善诱,这样才能提高学生对"三重表征"的理解能力,培养他们形成一定的思维方式。当然,整个过程中,教师还要不断地进行反思,从反思中寻找并发现自己的不足之处,然后进行适当地改进,这样才能摸索出更好的教学方法。不仅如此,在实际的教学之后,教师还要对实际的课堂效果进行总结,从而进一步完善教学设计,也能寻求出最好的具有"三重表征"形式的教学方式。

二、培养学生"三重表征"的意识

当教师具有"三重表征"能力之后,可以结合新知识的学习或解决问题的过程,指导学生对自己的学习过程进行回顾、反思。想一想自己习得的知识是通过何种思维、何种方法获得的,在整个学习过程中,遇到什么样的困难,采用什么样的方法解决困难,或者可不可以有更好的方法呢?在获得的知识中,哪些是宏观的,哪些是微观的,哪些又属于符号表征呢?通过这样一个反思的过程,可以提高学生的认知能力,培养学生的三重表征思维方式。当学生具有一定的认知能力后,教师应通过典型的三重表征实例,不断突出三重表征的意义,使学生切实体验到三重表征的"妙处",增强学生进行三重表征的自觉性。

三、利用教学手段促进"三重表征"的形成

在提高老师和学生对"三重表征"的认识的过程中,离不开多媒体技术的辅助,多媒体技术不仅能够扩大课堂容量、激发学生兴趣,还能模拟微观世界帮助学生对微观角度的认识。例如分子的结构、化学键的形成和断裂、电子的得失等。人教版化学必修2中的"化学键"一节,通过多媒体技术的辅助,让学生清晰地了解和认识化学键的形成过程,深刻感受到存在于离子之间的强烈的相互作用,即离子键。化学中微观的、动态的化学变化都可以通过多媒体技术独特的方式展现出来,使学生更好地认识微观世界,从而实现了宏观到微观的表征。

除了多媒体技术,一些模型和图片也可以促进宏观到微观的表征之间的转化。因为模型具有直观性和形象性,例如球棍模型和比例模型,比例模型能够很好地展现出原子间的相对大小,也能看出原子间的结合顺序;而球棍模型可以很好地呈现原子间的化学键类型,并且在化学键的强弱比较方面展现其独特的优点。模型不仅可以将微观结构呈现出来,还可以将模型和符号联系起来,能更好地促进学生对微观概念和原理的理解,培养学生的空间想象力。人教版化学选修5《有机化学基础》对模型的使用体现得淋漓尽致,比如甲烷、乙烯、苯、苯酚等的结构都可以通过模型清晰地展现,加深学生对有机化合物物质的结构认识,也能突破原子共线、共面的问题,帮助学生理解碳碳双键不稳定的原理。

图片的作用与模型相似,总之,模型和图片的结合可以进一步地帮助学生从宏观和微观角度加深对知识的理解。化学是一门以实验为基础的自然学科,所以在化学学科学习的过程中离不开实验。实验可以将物质的颜色、气味、状态以及水溶性这些宏观性质呈现出来。例如人教版化学必修1中"铁及其化合物"一节的学习可以通过实验很好地将 Fe^{2+} 和 Fe^{3+} 之间的颜色转化呈现出来。多媒体技术、模型、图片、实验等技术的应用,可以完美地将宏观、微观、符号三者联系起来,培养学

生形成一定的"三重表征"能力。

"三重表征"的形成还要建立在一定的实践基础上,这需要教师和学生双方的努力。学生在理解"三重表征"上的困难主要是由以下三方面原因造成的:微观世界抽象而又无法可见;学生思维受到他们已有的宏观经验的强烈影响,从而无法理解微观表征;学生有限的概念性知识和贫乏的空间可视能力,使其不能将一种表征转化为另一种表征。研究也显示,很多高中教师在教学中没有联系三重表征,在不同表征间转换时没有点明它们之间的内部联系。为了促进学生对概念的理解,帮助他们看到三重表征间的联系是很重要的。教师应该联系三重表征进行教学,帮助学生完成三重表征的意义建构。加强实验教学,增加宏观表征的体验。

化学从本质上来说是一门实验科学,三重表征的学习也离不开实验。约翰斯顿认为,在解释微观世界和理论之前,一定要让学生有一定的宏观认识,并且这种宏观认识的材料提供得越多,越有利于学生的学习。这种观点与建构主义学习理论一致,在化学教育上的应用非常普遍。学生在试图掌握类似分子、原子这样的概念时,从宏观到微观的转换存在非常大的困难,实验教学应该起到支持微观理解的作用。但实验教学通常是宏观水平的展示,教师没能有意识地将宏观现象与微观结构联系起来。教师在实验中帮助学生将观察到的宏观现象与微观结构联系起来,会极大地促进学生思考能力的发展,增强其对化学概念的学习。

第三节 "三重表征"课堂教学案例分析

一、化学学科核心素养和智慧课堂

1. 化学学科核心素养

学科核心素养是学科育人价值的集中体现,是学生通过学科学习而逐步形成的正确价值观念、必备品格和关键能力。高中化学学科核心素养是高中学生发展核心素养的重要组成部分,是学生综合素质的具体体现。化学核心素养导向下的教学设计与组织,应注意对知识当中所隐含的灵动的人的思维、思维过程、思维方法的自觉揭示,注重对文字所代表的"客观事实"的自觉链接。

2. 智慧课堂

智慧课堂是目前我国教育信息化发展的新形态,是以建构主义学习理论为依据,利用互联网、物联网、大数据、云计算、移动通讯、智能技术和多维技术等新一代信息技术在教育教学中的应用打造出的智能、高效的课堂。智慧课堂的目的是将教育和技术相融合,逐步解决当前教育发展中存在的不合理之处,做到基于动态学习数据分析,实现教学智能高效、交流互动立体化、评价反馈即时化、资源推送智能化,实现课堂教学形式和内容的全面变革,构建适应大数据时代的信息化课堂教学模式。

二、建构基于学科核心素养养成的智慧课堂教学模式

以"碳酸盐与酸反应图像的探究式教学"为例。

1．教材分析与学情分析

本节课选自人教版化学必修第一册第二章第一节"钠及其化合物"。"钠及其化合物"是高中化学的基础知识,其中碳酸盐与酸反应的图像问题在课本中没有提及,却是高考题中常涉及的一个难点和重点,也是高频考点。学生在第三章第一节接触了铝与酸反应的图像问题,对碳酸盐与酸反应的相关图像问题的理解有所提升,这也符合课程标准对学生能力培养的要求,帮助学生逐步掌握学习化学的一般方法。本节课就是笔者尝试在化学学科核心素养引领下借助科大讯飞技术支持,探究在智慧课堂等新媒体环境下以"碳酸盐与酸反应图像的绘制"为载体的教学。

2．目标与素养

根据课程标准中化学学科核心素养对高中生能力发展的要求确定本节课的目标。

（1）探究 Na_2CO_3、$NaHCO_3$ 与酸反应。

（2）熟练解决碳酸盐与酸反应的相关图像问题。

3．教学方法

实验探究法、小组讨论法、归纳总结法。

4．教学过程

（1）巩固复习。

提问:结合化学方程式判断 CO_2 通入 NaOH 溶液后所得溶液中的溶质有哪些?

学生分析相关原理:

CO_2 通入 NaOH 溶液先后发生两个反应 $2NaOH + CO_2 =\!=\!= Na_2CO_3 + H_2O$,$Na_2CO_3 + H_2O + CO_2 =\!=\!= 2NaHCO_3$。所得溶液中溶质有以下四种情况:① 溶液中溶质为 NaOH 和 Na_2CO_3。② 溶液中溶质为 Na_2CO_3。③ 溶液中溶质为 Na_2CO_3 和 $NaHCO_3$。④ 溶液中溶质为 $NaHCO_3$。

（2）新课引入。

过渡:一定量的 CO_2 通入 NaOH 溶液中,在所得溶液中逐滴滴入稀盐酸会有什么现象? 如何绘制这个过程的图像?

分析:这个过程会因溶液中溶质的不同而有不同的实验现象,下面我们来分别观察向含以上四种溶质的溶液中逐滴滴加盐酸的现象,讨论反应的实质并尝试绘

制反应的过程图像。

(3) 教学过程。

实验探究：学生 6 人一小组，2 人做实验，2 人观察现象，2 人记录实验现象，实验结束后思考问题，书写实验过程中发生的离子方程式，思考如何用图像表示该实验过程。老师根据每小组的实验完成情况选择小组代表回答问题。

① 向 $NaHCO_3$ 溶液中逐滴加入盐酸，立即产生气泡。学生用平板书写这个过程发生的离子反应，$HCO_3^- + H^+ == CO_2\uparrow + H_2O$。消耗 HCl 的体积与产生 CO_2 的体积的关系如图 5.1 所示。

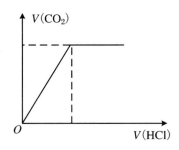

图 5.1　消耗 HCl 的体积与产生 CO_2 的体积的关系

② 向 Na_2CO_3 溶液中逐滴加入盐酸，边缓慢滴加边震荡试管，观察现象，会发现一开始没有气泡产生，一段时间后才有气泡产生。老师用平板书写这个过程的离子反应，第 1 步：$CO_3^{2-} + H^+ == HCO_3^-$；第 2 步：$HCO_3^- + H^+ == CO_2\uparrow + H_2O$。让学生在平板上绘制这个过程消耗 HCl 的体积与产生 CO_2 体积的关系的图像（图 5.2）。引导学生思考得出结论，由于两步反应的 H^+ 的计量数相等，图中 $Oa = ab$，绘制图像时注意各点的坐标与化学反应计量数相联系。

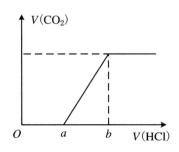

图 5.2　消耗 HCl 的体积与产生 CO_2 体积的关系

③ 向 NaOH、Na_2CO_3 的混合溶液中逐滴加入盐酸，边缓慢滴加边震荡试管，观察现象，会发现较长一段时间后才有气泡产生。老师辅助分析 NaOH、Na_2CO_3 的混合溶液中能和盐酸反应的离子有 OH^-、CO_3^{2-}，OH^- 会先与 CO_3^{2-} 和盐酸发生酸碱中和反应。学生用平板书写该过程的离子方程式，第 1 步：$OH^- + H^+ == H_2O$；第 2 步：$CO_3^{2-} + H^+ == HCO_3^-$；第 3 步：$HCO_3^- + H^+ == CO_2\uparrow + H_2O$。

让学生在平板上绘制这个过程消耗盐酸的体积与产生 CO_2 体积的关系的图像(图 5.3)。强调第 1、2 步反应均没有气泡产生,只有第 3 步有气泡产生,第 2、3 步反应消耗的 H^+ 的量相同,所以图中横坐标存在数量关系:$Oa>ab$。引导学生思考按图中给定的 a、b 坐标关系,计算出此时溶液中 NaOH、Na_2CO_3 的物质的量浓度之比为 1:1。跟学生渗透分析化学图像时注意各点的坐标与化学反应中物质量的关系。

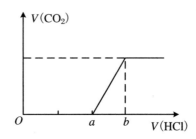

图 5.3 消耗 HCl 的体积与产生 CO_2 体积的关系

④ 向 Na_2CO_3、$NaHCO_3$ 的混合溶液中逐滴加入盐酸,边缓慢滴加边震荡试管,观察现象,会发现一开始没有气泡产生,一段时间后有气泡产生。老师给出资料:与酸反应的能力 CO_3^{2-} 强于 HCO_3^-。学生能在平板上写出此实验过程中发生的离子反应,第 1 步:$CO_3^{2-} + H^+ = HCO_3^-$;第 2 步:$HCO_3^- + H^+ = CO_2\uparrow + H_2O$。让学生在平板上绘制这个过程消耗盐酸的体积与产生 CO_2 体积的关系的图像(图 5.4)。老师辅助分析 Na_2CO_3、$NaHCO_3$ 的混合溶液中 CO_3^{2-} 与盐酸反应产生的 HCO_3^- 和溶液中原有的 HCO_3^- 一起再与酸反应,绘制图像时注意图中横坐标存在数量关系:$Oa<ab$。引导学生思考按图中给定的 a、b 坐标关系,计算出此时溶液中 Na_2CO_3、$NaHCO_3$ 的物质的量浓度之比为 1:1。

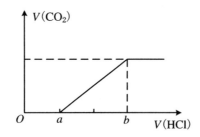

图 5.4 消耗 HCl 的体积与产生 CO_2 体积的关系

过渡:观察了向含以上四种溶质的溶液中逐滴滴加盐酸的现象,讨论了反应的实质,绘制了反应过程的图像。开始上课时提出的问题可以解决了吗?

(4) 知识应用。

例 1 向某 NaOH 溶液中通入 CO_2 气体后得溶液 M,因 CO_2 通入量的不同,溶液 M 的组成也相应不同。若向 M 中逐滴加入盐酸,产生气体的体积 $V(CO_2)$ 与

加入盐酸的体积 $V(\text{HCl})$ 的关系分别有如图 5.5 所示的四种情况,且在图 5.5(b)、图 5.5(c)、图 5.5(d)图中分别为:$OA < AB$,$OA = AB$,$OA > AB$。则下列分析与判断正确的是(注:为方便计算与判断,不计 CO_2 的溶解)(　　)。

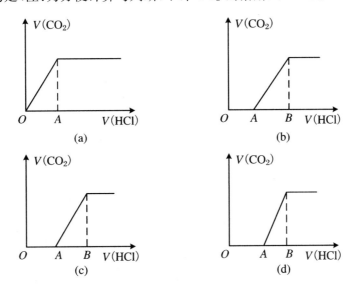

图 5.5　产生 CO_2 的体积与加入 HCl 的体积的关系

A. 图 5.5(b)显示 $c(\text{NaHCO}_3) > c(\text{Na}_2\text{CO}_3)$

B. 图 5.5(d)图显示 M 中 $c(\text{NaHCO}_3) > c(\text{Na}_2\text{CO}_3)$

C. M 中只有一种溶质的只有图 5.5(a)

D. M 中有两种溶质的有图 5.5(b)和图 5.5(d)

这一例题让本节课教学回归课堂开头提出的问题,起到课堂的首尾呼应作用。利用这一题的分析巩固本节课所学的图像问题,让学生体会本节课学习的图像绘制的应用,学会在解答化学图像题时注意观察横纵坐标所表达的意义,自觉关注特殊点,进而把图像的变化趋势和题干信息联系起来解决化学问题。

(5)巩固提升。

例 2　向含 Na_2CO_3、NaAlO_2 的混合溶液中逐滴加入 150 mL 1 mol/L 的 HCl 溶液,测得溶液中某几种离子的物质的量变化如图 5.6 所示,则下列说法不正确的是(　　)。

A. b 和 c 曲线表示的离子反应均为 $CO_3^{2-} + H^+ \!=\!\!=\! HCO_3^-$

B. 结合 H^+ 的能力:$AlO_2^- > CO_3^{2-} > HCO_3^- > Al(OH)_3$

C. M 点时 $Al(OH)_3$ 的质量等于 3.9 g

D. 原混合溶液中,CO_3^{2-} 与 AlO_2^- 的物质的量之比为 2∶1

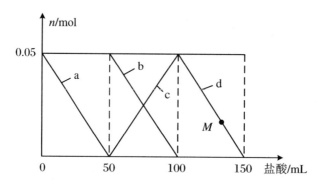

图 5.6 测得溶液中某几种离子的物质的量变化

分析：本题涉及向 Na_2CO_3、$NaAlO_2$ 的混合溶液中逐滴加入 150 mL 1 mol/L 的盐酸，a、b、d 线均在减少，c 线增加，可能涉及的反应有：① $AlO_2^- + H^+ + H_2O == Al(OH)_3\downarrow$；② $CO_3^{2-} + H^+ == HCO_3^-$；③ $HCO_3^- + H^+ == CO_2\uparrow + H_2O$；④ $Al(OH)_3 + 3H^+ == Al^{3+} + 3H_2O$，b 线下降同时 c 线对应升高，可见 b 线表示 CO_3^{2-} 减少，c 线表示 HCO_3^- 增加，a 线表示 AlO_2^- 减少，d 线在 c 线升高后才下降，则 d 线表示 HCO_3^- 减少。

A. b、c 线均表示碳酸钠和盐酸反应，只是 b 曲线表示 $n(Na_2CO_3)$，c 曲线表示 $n(NaHCO_3)$，所以 b、c 线表示的离子反应相同，都是 $CO_3^{2-} + H^+ == HCO_3^-$，故 A 正确。

B. 根据以上分析，H^+ 先与 AlO_2^- 反应，再与 CO_3^{2-} 反应，后与 HCO_3^- 反应，最后才溶解 $Al(OH)_3$，所以结合 H^+ 的能力：$AlO_2^- > CO_3^{2-} > HCO_3^- > Al(OH)_3$，故 B 正确。

C. 盐酸 50 mL 时 $NaAlO_2$ 中铝元素全部转化为 $Al(OH)_3$，加 50 mL 盐酸之后 CO_3^{2-} 开始反应，$Al(OH)_3$ 不溶解，则 M 点沉淀的质量和加盐酸 50 mL 时沉淀的质量相同，根据铝元素守恒由 a 线反应 $NaAlO_2 + HCl + H_2O == NaCl + Al(OH)_3\downarrow$ 推出 $n(Al(OH)_3) = n(NaAlO_2) = n(HCl) = 0.05$ mol，即 $m(Al(OH)_3) = 3.9$ g，故 C 正确。

D. 由线 a、b 和离子反应①②推出 $n(Na_2CO_3)$、$n(NaAlO_2)$ 均为 0.05 mol，由此判断溶液中 $n(CO_3^{2-}):n(AlO_2^-) = 1:1$，故 D 错误。故本题选 D。

本题考查了碳酸与酸反应图像的应用，根据图像中各条线变化情况判断物质变化的先后关系是解本题的关键。本节课的教学目标是通过简单的实验现象，分析反应的本质变化，得出图像的绘制方法与应用，学会分析图像，解决实际问题。例 1 比较简单，是对所学的总结应用；例 2 上升到能力的层次，提升综合应用能力，起到点睛作用。

三、教学反思

新课标要求化学课堂教学应注意培养学生化学学科核心素养和关键能力，教师在日常教学中要处处关注这一理念,精心设计每一堂课,充分利用智慧课堂等优质多媒体资源帮助学生提升自身综合能力。本节课教学设计就是通过组织学生小组实验,从实现现象的不同启发思考反应的原理并解释现象,绘制反应过程的图像,归纳解决图像相关的实际问题的技巧,从简单的小实验着手,落实能力提升的大问题。

化学实验的鲜明特点就是通过物质的宏观现象来揭示物质的组成、结构、性质以及化学反应中内在变化的微观本质。实验教学中,教师要在实验过程中将宏观现象与微观结构有意识地联系起来,这样才能促进学生对化学概念的理解,化学实验才能达到支持理解微观表征的目的。宏观表征是微观表征认识的基础,没有一定的宏观认识作为学习的支撑,微观表征的学习就没有意义。实验教学是为学生提供宏观体验的最好手段,是三重表征学习的基础,因此教师在教学中应该加强实验教学,增加学生宏观表征的体验,充分发挥实验教学的价值。

合理使用微观模拟,增强微观世界的可视化。学习化学是一项复杂的认知活动,为了将宏观现象和微观本质联系起来,学生需要具有想象微观世界的能力,需要具有建构和操控符号的心理表征能力。化学教育中的微观表征关注的是原子、分子和电子等微粒,这是一个人类肉眼不可视的世界,只能通过想象来触及。想象是化学研究的一个重要工具,同时也是丰富学生理解的重要一环,所以它的重要意义不能被低估。然而,仅靠想象是远远不够的,在化学教学中,一个非常有效的方法就是合理使用微观模拟,以增强微观世界的可视化,从而增强学生对微观表征的理解。

教师讲解"离子键"时,通过展示用砖砌墙的图片并提问"你知道盖房子时,如何把砖黏合起来吗?"展示地球引力的图片并提问"地球是圆形的,为什么人类在地球上生活而不会脱离地球,水不会流向太空中去呢?"引导学生思考生活中的有形的泥浆黏合砖,用无形的地球引力使物品不脱离地球的实例引出化学键的问题"元素周期表中 118 种元素的原子是如何形成千百万种化学物质的?"再展开离子键的学习,然后结合 1 分钟 Flash 动画展示 NaCl 的形成,带领学生深入了解 Na^+ 和 Cl^- 间存在无形的离子间静电引力和静电斥力作用,如图 5.7、图 5.8 所示。

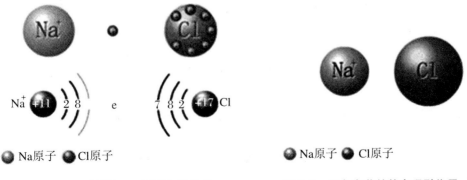

图 5.7 Na 原子与 Cl 原子电子转移　　　　图 5.8 正负电荷的静电吸引作用

因此可以说,合理使用微观模型,增强微观世界的可视化,就相当于为学生提供可以观看微观世界的"眼睛",使微观过程直观化、抽象过程形象化,并能把宏观现象跟微观世界的微粒运动联系起来,深化学生对物质组成及其性质的辩证关系的认识。实践证明,模型、图片、多媒体等直观教具对于学生从三重表征的角度理解和学习化学具有重要意义。例如运用多媒体技术,可以使学生很容易地把像"电子云""共价键的形成"等抽象的微观知识表示出来,使微观过程可视化,从而促进学生对化学三重表征的建构。

计算机技术的不断完善,意味着可视化表征方式的质量、可靠性、细节和能力发展到更高水平。当今,化学教育中,多媒体和超文本的结合有利于创设有意义的超媒体环境。综上,合理使用微观模拟,增强微观世界的可视化,有助于学生对复杂概念的理解,有利于其形成三重表征的联系。

理解化学用语的意义,强化符号表征的中介作用,为了使学习有意义,学生必须将新信息与已有的知识联系起来,这是建构主义学习观的基础。然而,不管是学生还是教师,其都没有清楚地意识到学生特殊的"建构主义者的眼睛"可能会误解教师所指的含义。从教师和课程专家的角度看,使用化学符号进行化学交流可能是相当明智和清楚的,但实际上这种方式可能是学生困惑和误解的来源,有时化学教学中使用起来相当便利的符号表征可能会阻碍学生的学习。

化学符号的学习与第二语言的学习类似,学生既学习语言,同时又利用语言理解大量的物质。可以想象,这种化学语言将会使化学学习变得更加复杂和困难。因此对于初学者来讲,化学符号表征的学习是极其困难的,特别是在没有完全明白符号表征代表的宏观和微观含义之前。很多初学者对化学符号感到茫然和陌生并且难以接受,不少学生用学习英语时死记硬背的方法来学习化学用语,久而久之便对学习化学失去了兴趣,继而丧失了学好化学的信心。

在教授符号表征的规则时,教师需要花费大量的时间让学生熟知符号的含义,熟练掌握书写化学方程式的规则。符号表征和它们表示的概念原理是紧密联系在一起的,如元素、化合价、电负性等抽象概念,这些知识的学习本身就很困难,如果不理解符号表征的化学概念或拥有不当的化学概念,那么就不可能正确理解符号表征。符号表征的学习是在抽象知识和陌生语言的基础上进行意义构建的,更加抽象难懂。因此,教师在教授符号表征时应该清晰地认识到:① 与专家相比,学生学习大量符号不如专家有效。② 使用符号表征可能增加感知的复杂性和认知任务的复杂性。③ 所使用的符号如果是含糊的,要明确符号在表示不同概念时(元素、原子、物质、分子等)的不同含义。④ 当符号表征在宏观含义和微观含义之间进行转变时,要有清楚的标志,如教师可以提示"现在这个方程也表示……"

教师不能孤立地讲符号表征,也不能单纯依靠机械训练来使学生掌握符号表征的书写规则,否则就会使学生失去对化学学习的兴趣。在符号表征的教学中,教师要充分利用实验、实物、模型、图示、多媒体等直观手段,在带给学生充分感知的基础上,把化学符号所蕴含的宏观和微观信息展示出来,使学生明白符号表征代表的宏观和微观含义;要突出符号表征对于宏观表征、微观表征的中介功能,利用符号表征实现宏观表征和微观表征之间的思维转换,并用大量的文本和例子强化它、应用它,直到其在学生记忆中充分地将宏观表征和微观表征连结起来,使得学生一看到符号表征,就能理解它表征的宏观和微观含义,自动实现思维在宏观和微观之间的转换。只有学生真正理解了符号表征的宏观含义和微观含义,才能有意义地学习符号表征。

化学符号的价值就在于其有利于人们快速和有效地交流化学信息,而不是成为理解的附加障碍。学生只有将符号表征的学习与宏观表征和微观表征的学习紧密联系起来,才能使符号表征的学习变得有意义,从而为进一步学习打下坚实的基础。

强化在不同表征间进行转化的意识和能力,如果学生在化学学习中能自动化地、熟练地把化学三重表征有机结合起来,可以在三者间进行信息转换,做到由表及里、由此及彼,那么教师就可以认为学生完成了三重表征的意义建构,形成了三重内部表征。例如学生见到宏观物质及其变化,就会试着用头脑中的微观表征去解释、理解它,用符号表征来表示它;见到化学符号,就会自动地提取出相应的宏观表征和微观表征等。但是学生在不同表征间信息转换的能力不是自发形成的,需要教师在教学过程中不断强化学生在不同表征间进行转化的意识和能力。

教师在教学过程中要有三重表征教学的意识,并强调三重表征的重要性,引起学生的关注。在教学中,教师应通过典型的三重表征实例,不断突出三重表征的意义,使学生切实体验到三重表征的"妙处",增强学生进行三重表征的自觉性。这不但要求教师创造性地使用教材,善于挖掘知识点的三重表征价值,同时还要求教师把这种潜在的三重表征过程用一种恰当的、外在的形式呈现出来,将三重表征过程外显化。教师应向学生完整地呈现自己的学习过程,并经常与学生交流感受与收获。另外,教师要尽可能多地为学生创造亲自运用三重表征的机会,为其创建一个有利于进行三重表征的学习情境。三重表征学习方式的培养是一个长期的过程,其形成不能仅仅依赖于教师的讲解,还需要学生在学习过程中亲自运用并体验,使其逐步内化为自己的学习方式。例如教师引导学生思考"对于这一知识点,我是从宏观、微观、符号相结合的角度考虑、学习的吗?"、"今天学习的这些知识之间有什么内在联系?"、"这一现象的微观本质是什么,怎样用符号来表示呢?"等问题。通过这些问题,教师可以引导学生逐步提高三重表征的意识与能力。

在过去的 30 年里,化学三重表征已经逐渐成为最有影响力、最富有创造性的思想之一。三重表征已经成为化学教育研究的理论基础,指导着世界各地化学教师的教学和课程、软件、教材编制者的工作。国外对化学教育中三重表征的研究已经取得了大量的成果,而我国对此领域的研究尚处于起始阶段。我们将继续关注化学三重表征的研究,为我国化学教育提供有效的改进思路和方法。

第六章 素养为本的教学设计

第一节 素养为本的教学策略应用设计模式

《普通高中化学课程标准》(2017年版)提出化学是落实立德树人根本任务、发展素质教育、弘扬科学精神、提升学生核心素养的重要载体,化学学科核心素养是学生必备的科学素养,是学生终身学习和发展的重要基础,明确指出了化学学科核心素养的5个维度:宏观辨识与微观探析、变化观念与平衡思想、证据推理与模型认知、科学探究与创新意识、科学态度与社会责任。开展素养为本的化学教学是培养学生核心素养的重要途径,要发展学生化学学科的核心素养就必须改变化学教学设计的出发点,传统的教学设计主要立足于教师传授知识的过程,三维目标教学设计主要立足于教师教学的目标和方法;化学五维学习目标教学是三维目标教学的发展,立足于学生学习的目标和方法,这与发展学生的化学学科核心素养是相吻合的。《教育部关于全面深化课程改革落实立德树人根本任务的意见》中提出,在基础教育阶段应该帮助学生形成适应个人终身发展和社会发展需要的必备品格和关键能力,要求高中各学科课程要提出学科核心素养,将教育教学的行为统一到育人目标上来,提高学生综合分析问题、解决问题的能力。

化学学科核心素养包括宏观辨识与微观探析、变化观念与平衡思想等5个方面,体现了化学学科的思想、观念和价值追求。图6.1是开展素养为本的化学教学设计的基本模式。教师认真解读课程标准相关内容和教材内容,挖掘课题内容对学生核心素养发展的价值,再结合学生的具体情况,制定教学目标、学习目标和评价目标,然后创设真实情境,设计富有价值的问题,精心设计与目标相应的学习任务、活动,引导学生分析和解决问题,同时各环节嵌入诊断学生核心素养发展的学习评价策略。

图 6.1 素质为本的教学设计模式

第二节　素养为本的教学设计策略

一、研读课标、教材,科学制定教学与评价目标

教师要研读课程标准和教材内容,理解编写意图,明确教学内容与核心素养之间的联系,根据新课标对教学内容要求,深入挖掘教学内容背后的素养价值,精心设计课堂教学,科学合理地选择和处理教材内容,理解教学内容主题在知识建构过程中的意义,抓住学科核心知识,找准素养发展方向,达成发展学科核心素养的目的,才能更有效地发挥课堂教学的教育教学功能。

例如,通过离子反应认识酸、碱、盐的化学性质,通过水溶液中的离子平衡了解强弱电解质的概念,弱电解质的电离、盐类水解的本质和难溶电解质沉淀溶解平衡的建立等核心知识内容体现了对"宏观辨识与微观探析"素养的培养。理解弱电解质的电离平衡及影响因素,分析盐类水解对水电离平衡的影响和难溶电解质溶解平衡及影响因素等知识,有利于促进学生的"变化观念与平衡思想"素养的发展。在学习"有机物"知识建立"结构—性质—用途"的思路时,分析每类有机物的结构和可能断键的位置,可能会发生什么反应,培养学生"证据推理与模型认知"素养。在学习"原电池"知识时,让学生了解一些燃料电池及在生活中的应用,如一些出租车用的是燃料,太空中的氢氧燃料电池,如我们国家倡导绿色出行,发展新能源汽车,这些知识自然会激发学生的兴趣,从而引入电动汽车,介绍二次电源等知识有利于促进学生的"科学态度与社会责任"素养的发展。在学习"离子反应"时,通过学生做固体氯化钠、酒精、氢氧化钠和氯化钠溶液等的导电性实验对比分析,得出电解质的概念,通过硫酸钠溶液和氯化钡溶液实验得出离子反应的概念等有利于促进学生的"科学探究与创新意识"素养的发展。

在制定教学目标的过程中,不能孤立地认识某个知识点,而应先根据新课标中对学科主题的内容要求,设计出整个高中阶段学生通过课程学习后需要达到的目标,逐步对学段、模块、主题、单元教学目标进行整体规划和设计,再根据单元每课时的教学内容和主要的教学活动,确定课时教学目标。教师在教学目标的制定过程中,要根据教学内容和学生的实际来制定,不必为了体现学科核心素养,把5个方面都罗列出来,显得表面化和形式化,在制定教学目标的同时要明确评价目标。

二、创设真实情境、设计富有价值的问题

在教学中,教师要结合真实的情境设计问题或引导学生提出真实的、有探究价

值的问题,让学生在真实的情境中解决问题,不断地深入学习,体会学科知识的应用价值,感悟学科思想方法,增强学科意识,达到学科的育人价值。对于化学教材中的情境,主要有生活经验情境、科学史实情境、实验探究情境、生产应用情境、模拟联系情境五类。

例如,教师用漂白液喷有色布条。问:你们看到了什么现象?想到了什么?想做什么?学生回答:有色布条褪色了,为什么褪色?是什么物质使它褪色?通过做实验来探究原因。教师播放视频:84消毒液为什么不能和洁厕灵混用?创设来自生活中的真实情境,引导学生进行探究,在此过程中,培养学生的科学探究和创新意识素养。

又如:在"氨的性质"的教学中,教师介绍哈伯的视频,问:为什么称哈伯一半是天使,一半是魔鬼?利用科学史实情境,引导学生到课堂中来,再介绍工业制硝酸的视频,让学生思考物质的变化过程,分析每个过程转化的反应方程式,自然引到氨的催化氧化反应分析,再结合氧化还原知识分析,氨具有还原性,学生对学习它的知识就不会感到陌生,创设来自生产应用的真实情境,引导学生进行探究,培养学生的科学态度和社会责任核心素养。在学习氨的用途时介绍侯德榜制碱法,既培养了学生的科学精神,又让学生知道化学的科学价值。教师要创设真实的问题情境,应选择合理的、有趣味的素材,帮助学生建构知识,突破学习障碍。所以选择的素材要贴近社会,真实、有意义,要能够体现出一定的化学思想和观念;选取的素材既要涵盖新课标中规定的课程内容,又要能够包含该化学专题的核心知识,激发学生的求知欲,不要盲目跟风,不要为了新颖脱离主题学科主题的素材结果背道而驰。学起于思,思源于疑,学贵在疑。创设真实的问题情境,以问引思,对问题进行深度思考,引导学生对知识与技能的建构。培养和提高学生的化学思维,达到提高核心素养的教学目的。

三、精心设计实验探究活动,发展素养

国务院办公厅发布了《关于新时代推进普通高中育人方式改革的指导意见》(国办发〔2019〕29号),提出课堂教学要"积极探索基于情境、问题导向的互动式、启发式、探究式等课堂教学""认真开展验证性实验和探究性实验教学"。科学探究的一般过程包括提出问题、猜想与假设、制定方案、进行实验、收集证据、结论与解释、反思与评价、表达与交流8个步骤。

教师在设计探究活动要注意:① 要选择合适的教学内容让学生探究。② 设计实验方案要科学严谨,选出合理的实验方案让学生实验。③ 在实验过程中培养学生自主学习、发现学习、合作学习、探究学习等多种方式融入到探究活动的任务设计,让学生在探究中构建知识,提高科学探究能力。

例如,在学习"铁盐和亚铁盐"的知识模块时,教师向学生展示自己化验单,结

论是缺铁性贫血,接着老师拿出医生开的药,向学生提出问题:这个药的铁元素是几价?你如何设计实验方案证明?学生猜测:① 铁元素化合价是二价? ② 铁元素化合价是三价? ③ 铁元素化合价是二价和三价?学生讨论,教师和学生一同评价实验方案,选出合理的实验方案验证。首先把补血药片碾碎,加盐酸溶解,取适量加硫氰化钾溶液,如果没有现象说明没有三价铁,如果变红色说明有三价铁;向没有现象的溶液中再滴加氯水或者双氧水,出现红色说明原溶液中是二价铁;教师:变红的溶液中有没有二价铁?取溶解的溶液适量滴加酸性的高锰酸钾溶液,如果紫色褪去,说明原溶液有三价铁和二价铁;如果紫色没有褪色,说明原溶液只有三价铁。通过学生实验,观察实验现象得出结论。学生自己设计实验方案,再动手实验,最终得出结论。结合补血药说明书,思考补血药为啥要和维生素 C 同时服用?得出维生素 C 的作用和还原性,真实地感受化学的魅力,凸显化学学科的理科特性,使化学知识的学习、科学探究能力的形成与化学学科核心素养的发展有机结合起来。

四、设计层级递进的学习任务,发展素养

真实的问题情境能够激起学生思考探究的兴趣。在教学设计的过程中,首先要将情境中的问题设计成有层级的驱动型化学问题串,然后思考从哪些角度去解决这些问题,将一串问题链还原成一个个具体真实的学习任务,进而构成多样化的教学活动。

例如,在化学能与电能的教学中,教师通过科学史实情境,介绍意大利的科学家伏打发现伏打电池的过程,他把盐水浸过的滤纸夹在锌片和铜片之间,然后叠成电堆,通过导线相连,发现有电流产生。

学生实验:

(1) 将锌片和铜片分别放入盛有稀硫酸的小烧杯中,有什么现象?

(2) 将锌片和铜片同时放入盛有稀硫酸的小烧杯中,有什么现象?

(3) 将锌片和铜片用导线相连同时放入盛有稀硫酸的小烧杯中,有什么现象?

(4) 将锌片和铜片用导线相连同时放入盛有无水乙醇的小烧杯中,有什么现象?

(5) 步骤(3)中为什么会有电流?指针如何偏转?发生了怎样的能量转化?

通过一系列明确指向的驱动型学习任务,引导学生结合已有的氧化还原理论和电离部分的相关知识,主动构建原电池模型,得出形成原电池的条件,培养学生证据推理与模型认知素养。

又如,在二氧化硫知识的教学中,思考:

(1) 氯水的漂白原理是什么?

(2) 试从氧化还原角度分析 SO_2 与 Cl_2 有何区别?

（3）请通过实验现象分析 SO_2 漂白原理？

（4）SO_2 能使品红、酸性 $KMnO_4$ 溶液、含酚酞的氢氧化钠溶液褪色，都是因为 SO_2 有漂白性吗？

（5）怎样设计实验证明？并尝试对方案进行评价。

通过这一系列问题串得出 SO_2 的性质：漂白性、氧化性，并且比较 SO_2 与 Cl_2 漂白性的不同，只有精心设计有价值的"问题串"，才能有效地发展学生的高阶思维，提升他们分析问题和解决问题的能力，形成研究和解决问题的基本思路。

五、突出教学设计的整体规划，实现"教、学、评"一体化

《普通高中化学课程标准》(2017版)要求化学教学要实施"教、学、评"一体化，有效开展化学日常学习评价；应树立"素养为本"的化学学习评价观，紧紧围绕化学学科核心素养的发展水平和化学学业质量要求来确定化学学习评价目标，注重过程性评价和结果性评价的有机结合；化学日常学习评价是化学教学不可或缺的有机组成部分，是化学学习评价的一种重要表现形式，是实施"教、学、评"一体化教学的重要链条。

例如，在"离子反应"这节内容的教学中，学生书写：$HCl + NaOH$，$HCl + KOH$，$H_2SO_4 + NaOH$，$H_2SO_4 + KOH$ 这4个反应的化学方程式和离子方程式。教师：化学方程式是否相同？它们的离子方程式之间是否发现有什么特点？这表明离子反应的实质是什么？教学目标是通过分析反应前后溶液中离子浓度和种类的变化，理解离子反应的实质和意义，评价目标是通过分析化学方程式和离子方程式的区别诊断，并发展学生对离子反应意义的理解水平。教师要观察学生是否可以在进行表征的学习活动中正确的书写化学方程式和用符号写出离子方程式。可让学生互评，也可以个别单独指导，找出强酸与强碱反应的实质：$H^+ + OH^- == H_2O$。在这个过程中也培养了学生的微观探析和变化观念素养。

又如，在学习"难溶电解质的沉淀溶解平衡"知识的过程中，让学生尝试利用溶度积的数据，怎样除去镁盐溶液中的三价铁盐杂质？为什么可以通过加氧化镁或者氢氧化镁等试剂来实现？教师根据学生的表现，做出反馈和针对性的指导，帮助学生完成学习过程；学生解决问题的过程，也就是教师对学生的表现做出教学目标达成度的评价过程。教师要突出教学设计的整体规划，有机结合提问与点评、练习与作业、复习与考试等多种评价方式，从而形成合力，实现"教、学、评"一体化，有效促进学生学科核心素养的发展。"教、学、评"一体化的教学设计能帮助教师达到教学的最大目标，提高教学有效性，促进化学核心素养在化学课堂中落地，最终落实"立德树人"的教育根本任务。

第七章 化学观念建构的教学策略

第一节 建构化学基本观念的策略和意义

进入高中后,很多学生感觉化学知识点琐碎、繁多,容易遗忘,认为化学概念或反应原理抽象、枯燥,难以理解,在遇到新情境的实验探究题、化工流程题时,就束手无策、望而却步。长此以往,学生就丧失了学习化学的兴趣和动力,更谈不上形成化学学科的素养。

事实上,高中化学知识看似内容繁多,但无非是对几个化学基本观念的理解和应用,是化学基本观念形成的载体。若学生觉得学习化学很难,从学生角度分析,是因为学生在学习过程中没有把所学的知识系统地进行比较、分析、概括、归纳,没有以化学基本观念为基础形成对化学问题正确的理解和认识。从教师角度分析,单纯知识点的教授是可以让学生掌握一些具体的知识点,但会使学生对于化学基本观念有缺失,从而导致知识的僵化,知识运用能力低下。因此,教师在教学过程中应该有针对、有目的地采取多种策略,引导学生在知识方面的理解和应用,积极主动地在探究活动中建构起化学基本观念,让化学基本观念统领化学的学习。

一、建构化学基本观念的策略

1. 明确教学目标,形成观念体系

每节课的教学目标就像大海中的信号灯,给这节课指明了方向。在基于观念建构的教学中,不仅要明确知识、方法、情感态度的目标,按照课程标准的要求,还要将平衡观、微粒观、守恒观等化学基本观念作为教学目标,形成知识与观念对应的逻辑体系。例如,在探究 NH_4Cl 溶液呈酸性的本质原因时,要求学生能准确分析出 NH_4Cl 溶液中存在的微粒,从而进一步分析 NH_4Cl 溶液中的微粒之间的相互作用及变化,最终得出正确的结论。因此,教师在备课时要从知识整体出发,随着知识的不断进阶,化学基本观念也在不断进阶,在教学时要明确目标,引导学生进行观念建构。

2. 注意创设化学情境,增强学生观念建构

情境创设既可以是一节课的开端,也可以将整个课堂处于情境中。情境呈现形式多样化,如在"原电池"的教学过程中,用橙子制作简易电池来给手机充电的生活小妙招来导入新课;在"盐类的水解"的教学过程中,利用探究明矾净水的原理这一生活问题来导入;在"难溶电解质的溶解平衡"的教学过程中,用解释溶洞的形成原因或防止龋齿的形成这一生活问题等来导入。这样,学生在生活中领会化学知识,不断增强学生的观念建构。因此,教师要不断关注真实的社会生活问题,同时引导学生发现生活问题,发展学生的化学价值观。

3. 精心设计问题,让问题驱动观念建构

化学基本观念的形成过程实际上是学生积极思维、主动建构的过程。问题是思考的关键驱动力,它们促使学生积极地参与学习活动,并在学习活动与深层次的理解之间架设一座桥梁。因此,我们应当将对核心概念的理解转化为高水平的问题,以问题为导向来创设学习情境或者多种形式的探究活动,引领学生主动地去探究,积极地去建构。但要注意的是,设置的问题要具有综合性和代表性,对知识的构建要起到引领作用,且在整节课能起到点睛的作用。随着问题的提出,学生的思维是动态发展的,这样可以促使学生借助问题来实现知识由点到面的拓展,在解决问题的过程中,循序渐进地建构基本观念。

例如,在"弱电解质的电离"的教学过程中,可以设计以下问题:相同温度条件下,通过电离平衡常数的大小可直接判断出酸性的强弱,但假如现在电离平衡常数未知,还有什么方法能判断出碳酸和醋酸的酸性强弱,请设计简单的实验方案。该问题的目的在于发散学生的思维,方案有许多种,如可以比较相同温度下,等浓度的醋酸和碳酸溶液的导电性强弱;可以测量相同温度条件下,等浓度的碳酸和醋酸溶液的pH;也可以利用强酸制弱酸的原理,用醋酸和碳酸钙反应,通过有无气泡的现象来进行判断。然后笔者可以再进一步引导学生从多角度评价以上实验方案,从而得出最佳方案,并且可以通过实验来进行验证。在问题的思考、讨论和验证过程中,增强了学生对知识的理解与运用,提高了逻辑思维能力,促进了实验观和转化观的建构。

4. 利用视频、插图、模型,把基本观念显性化

化学是一门在原子、分子水平上认识和研究物质的科学。因此,我们想要探究化学反应的本质,就应该从微观着手。但是微观粒子肉眼看不见、摸不着,这样就给学生理解概念、原理,认识化学反应的本质造成困难,不利于知识的学习。为此,教师可以通过展示课本插图和实体模型或播放相关视频将微观粒子宏观化、抽象的过程形象化,便于学生的理解和学习。例如,在学习"电解质的电离"的概念时,为了帮助学生理解,课本通过插图直观呈现了这一微观过程。人教版《化学》必修1第14页中图1-11展示的是"NaCl固体在水中的溶解和形成水合离子示意图",插图不仅把电离的过程形象化、宏观化,也把电离过程中蕴含的变化观、守恒观、微粒观、平衡观等重要的化学观念直观化、显性化,符合学生的认知规律。在课堂教学过程中,教师要领会教材意图,带领学生认真解读插图,通过分析比较,使学生不

但能从本质的、微观的层面来理解概念,同时还能进一步发展学生的化学基本观念。

5. 深挖教材内容,搭建知识框架

化学基本观念实际上就是知识结构化的结果,因此,在教学过程中注重将知识结构化,有助于形成化学基本观念。例如,"水溶液中的离子平衡"中的知识点很抽象,学生难以理解,若只靠教师语言描述,然后学生做题目练习,根本找不到头绪,更不用说会应用原理解决问题了,因此,教师在进行教学时可以按照化学平衡建立结构化的知识体系,在这个过程中逐渐培养学生的基本观念。比如,几个平衡常数 K_a、K_w、K_h、K_{sp} 的推导过程都存在相似性与关联性,教师可以以化学平衡为核心,在每一节课结束后都引导学生建立思维导图,最后在本章知识学习结束时,还可以利用树状分类法将零散的知识进行归纳整理,这样在课上完之后,真正做到了在学生头脑中留下点东西,从而形成对化学基本观念的建构。

6. 开展实验探究,在动手中培养化学观念

学生的学习过程和科学家的探索过程在本质上是一样的,都是一个发现问题、分析问题、解决问题的过程。正因为如此,在促进观念建构的教学过程中,要特别重视学生探索新知的发现过程,这样学生才能真正领会科学的思想与方法,深刻理解所学知识。

对于高中生,教师还要深入挖掘实验背后包含的价值,善于让学生自己发现实验的不足之处,鼓励学生在课后积极改进实验等方式来增强学生的实验观。同时也可以借助现代化信息技术手段,如用数字化实验手段进行教学等。

例如,教师在演示制取氢氧化亚铁实验时,根据实际的实验现象,提出:白色沉淀为什么会迅速变成灰绿色,最终变为红褐色?如何针对实验方案进行改进? 让学生思考,并给出改进意见,然后再按照改进后的方案进行实验,观察效果如何,根据改进后的实验效果,还可以再次进行改进,然后再次进行实验验证,直至得出比较完善的实验装置。

在演示过氧化钠和水的反应时,向反应后的溶液中滴加酚酞,溶液变红说明该反应生成了 NaOH,但是出乎意料的是溶液的红色很快又褪去。此现象让学生产生了认知冲突,笔者引导学生从反应过程中的物质变化、能量变化等角度进行思考,并适当地查阅了相关资料,从而提出合理的猜想与假设,例如,反应温度过高、生成的氢氧化钠浓度过大、中间产物过氧化氢有氧化性等可能原因,然后由学生利用控制变量法设计实验方案,最后通过实验得出正确的结论。总之,通过实验探究,学生不仅收获了知识的运用,提高了动手能力和学习兴趣,更潜移默化地建构了实验观和变化观,这样他们在今后的学习、生活中若遇到未知的问题就能多一份质疑的勇气,培养严谨的科学态度。

7. 及时开展反思,促进观念建构

在学习中,学生通过具体的实践认知和认知反思活动,可以使自己的知识得到内化,也可以促进化学观念的不断完善与发展。因此,教师要多思考,尽量给学生提供多样化的实践反思活动,并给予学生足够的实践反思时间,同时指导学生记下详细的反思记录。实际上,学生自己向自己提问的过程,同时也是自己完善化学观念的过程。例如,在"证明 AgCl 饱和溶液中存在 Ag^+"的探究实验中,因为这个结论与学生已有的知识完全不同,学生在探究过程中会主动思考,自己解决问题的方式是否发生了变化?若发生了变化,将变化的部分进行记录、归纳、总结及反思。学生不仅要反思知识技能,还要反思实验技能。在反思过程中,发展学生化学基本观念的建构。

二、建构化学基本观念的意义

1. 建构化学基本观念是精简教学内容的重要方法

在实际教学过程中,不少教师面对繁杂的化学知识变得不知所措,只能通过尽可能多地向学生传授化学知识来解决问题,学生学起来毫无头绪,学习效果差。而在教学过程中,注意化学基本观念的建构就妥善地解决了这一问题。一方面,精选一些典型的事实性知识作为"范例";另一方面,重视对化学核心概念的理解和核心概念之间的相互联系。这样做不仅能精简教学内容,而且能促使学生通过典型知识和核心概念之间的联系而对所学知识有深入理解。

2. 建构化学基本观念有利于提高教师的专业素养

要想很好地建构化学基本观念,第一,教师自身要有建构化学基本观念的意识。第二,教师要具备引导学生形成化学基本观念的能力。因此,建构化学基本观念对教师提出了更高的专业要求,同时也促进了教师自身专业素养的提高,促进了教师向学者型、专家型教师的转变。

3. 建构化学基本观念可促进学生学习方式的转变

建构化学基本观念不可能通过机械记忆来获得,因此学生在化学基本观念的建构过程中,通过对最具有化学学科特征的概念、事实和原理等进行深入的研究和思考,不但深入理解了相关概念,还建立了这些核心概念间的相互联系,这样极大地提高了学生学习化学的认知水平。通过化学基本观念的建构过程使学生的学习方式从被动地记忆知识、储存知识向主动地理解知识、应用知识进行转变,这种转变是从根本上对接受式学习的超越。

三、建构化学基本观念的反思

化学基本观念的建构不可能一蹴而就,需要教师长期有针对性地、有目的性地在课堂教学的组织和实施过程中加以培养。在中学化学教学中,我们倡导"化学基本观念建构"的教学,最重要的是引导教师在教学实际中从知识整体出发,把握核心本质;要超越具体的知识,关注不同化学概念间的实质性联系,从而引导学生通过深刻思考、积极反思,从本质上认识和理解所学的化学知识,从而形成化学学科的观点、思想和方法。具体来说,首先,教师自己要有建构化学基本观念的目标意识,在备课时就要去思考本节课内容大概包含哪些化学基本观念,采用什么途径或方法可以帮助学生进行建构。其次,在进行课堂教学活动时,不仅要充分考虑学生已具备的知识和能力,还要仔细、认真考虑学生既有的化学基本观念和将要建构的化学基本观念间的差距,有的放矢,为学生全面发展搭建"脚手架"。再次,我们在教学中以建构化学基本观念为目标,但是不能因此忽视了化学知识点本身的教授,因为具体的知识点是化学基本观念建构的载体和思维培养的基础,化学知识本身的学习会促进学生化学基本观念的发展,而学生化学基本观念的发展反过来又会帮助学生更全面地、更深入地理解所学的知识,二者相辅相成,缺一不可。最后,需要强调的一点是,我们在教学过程中倡导建构化学基本观念,并不意味着在教学过程中不考虑具体内容的特点,也并不是任何一节课、任何一个知识点必须建构某种化学基本观念。"建构化学基本观念"不是一句口号。"纸上得来终觉浅,绝知此事要躬行",只要教师不断地去努力、去实践,就一定会让"建构化学基本观念"的种子在学生的思想深处生根发芽,将化学学科的科学素养真正融入到学生的生命中去。

第二节 基于"元素化合物"知识教学策略建构化学观念

《普通高中化学课程标准》(2017年版)中提到学科核心素养是学科育人价值的集中体现,是学生通过学科学习而逐步形成的正确价值观、必备品格和关键能力。化学课程对于科学文化的传承和素质人才的培养具有不可替代的作用。但是,不可否认,随着学生走出校门踏入社会,他们在学校所学习的大量的学科知识都将逐渐淡忘甚至遗忘。其实真正伴随学生一生发展并持续作用的,并不是具体知识,而是知识升华后存在于学科思想意识层面上的东西。世界著名的诺贝尔物理学奖得者马克斯·冯·劳厄曾经说过,教育所给予人们的无非是当一切已学过的东西都忘记后所剩下来的东西。"所剩下的东西"是什么呢?黄剑芳老师曾说过,知识终究是过眼云烟,会思考的大脑才是永恒的。学生通过化学知识的学习,所形成的从化学视角认识事物和解决问题的思想、方法、观点,即植根于学生头脑中的化学基本观念即是"所剩下的东西"。

一、化学基本观念的涵义、内容

所谓"观念",简单地讲就是"客观事物在心里留下的概括性认识"。化学基本观念,是学生在反思体验和实践应用中,将蕴含于具体知识中的化学思想、观点、方法等抽象概括出来的一些观念性认识,是化学学科的研究对象、过程、方法、结果在学生脑中整体的概括性反应。具体表现为学生主动运用化学思想方法认识身边事物和处理问题的自觉意识和思维习惯。譬如,一个具有"元素观"的学生看到一杯水就会想到水是水分子构成的,想到水是一种无色无味的液体,想到水分子间的作用力,想到水蒸气,想到冰,想到氢键等。一个具有"微粒观"的学生看到食盐,就能想到构成食盐的微粒是钠离子和氯离子,看到一杯食盐水,就能想到电离,想到里面的微观和动态的过程等。一个具有"实验观"的学生在看到香水、精华液等护肤品时,就会想到它们的成分、功效及制备方法等。

化学作为一门基础自然学科,它的基本特点是在分子水平上研究物质的组成、结构、性质和变化,化学变化是化学科研的核心内容,微观与宏观的联系是化学不同于其他学科的最具特征的思维方式,基于化学学科的特点和研究视角,在长期的发展过程中,化学科学形成了认识物质世界的基本思想方法和处理问题的基本思维方式及其价值取向,概括起来就是基本的元素观、微粒观、变化观、实验观、分类观和化学价值观。这些观念不仅能指导人们认识物质、改造和应用物质,也能促进化学科学的发展。

二、课堂教学方式的转变

宋新琪教授曾说过,学生能牢固地、准确地、哪怕只是定性的建立起基本化学观念,应当是中学化学教学的第一目标。背诵或记忆某些具体的化学知识,当然是有价值的,但是更重要的价值在于它们是化学观念及某些基本观念的载体。因此,中学化学教学必须超越对具体知识的学习,要以知识为载体引导学生通过高水平的思维活动,形成基本化学观念。在化学教学中,如何将具体化学知识学习与化学基本观念有机结合起来,做到形神合一,避免一个个知识点的学习与堆砌就显得十分重要。笔者通过对"元素化合物"知识的教学策略为例来说明可以从哪些方面建构学生的化学观念。

三、案例分析

元素化合物知识是指与物质结构和性质密切相关的物质的存在、制法、用途、检验和转化等多方面知识内容,是中学化学知识构成的基础及重要组成部分,是认识化学物质、解决化学问题的必备知识。以下是笔者在元素化合物知识教学中所采取的一些具体方法和策略。

(一)基于积极情境,培养学生的"化学价值观"

美国心理学家奥苏贝尔曾说:"假如让我把全部教学心理学仅仅归纳为一句

话,那么,我将一言蔽之:影响学习的唯一重要因素,就是学生已经知道了什么,要探明这一点,并应据此进行教学。"把教学建立在学生已有的知识和生活经验上,这是教学必须遵循的"金科玉律"。创设情境,就是基于学生已知生活经验、社会热点、科学前沿等出发,能够调动学生思维的积极性。新课程实施以来,很多化学教师在情境创设、教学方式创新等方面下了很大功夫,并取得了很好的效果。但教师在创设情境时除了要选取真实性、针对性、知识性、情感性和整体性的情境素材,还要注意选择情境对于化学观念建构的积极性。笔者曾经听过若干次公开课或示范课,发现很多老师为了吸引学生注意力,总以与化学相关的负面生活经验和新闻报道为新课导入的情境。比如在讲"富集在海水中的元素——氯"时,绝大多数老师是以第二次世界大战中的毒气战,以及氯气泄漏等事故作为情境素材。在讲"金属钠"时,也总喜欢用金属钠所造成的火灾作为课堂的情境导入。这样做无疑可以吸引学生的眼球和注意力,并且课堂内容也容易展开,因为有关物质的性质都已经赋予在情境中。但教师有没有考虑到这样的情境除了对学生进行了化学知识的教育,还会在学生的观念形成中造成什么影响呢?经常用这种负面情境会给学生造成负面和消极的影响,久而久之,学生对化学的印象是化学是危险的、有毒的、有污染的、有害的等。曾经在某媒体宣传上就出现了"我们恨化学""本品不含任何化学物质"等荒谬论断。所以作为化学教师在选取情境素材时,应多选择积极的素材,比如我们在讲"富集在海水中的元素——氯"时,可以从抗击新冠肺炎和含氯消毒剂角度创设教学情境。让学生能感受到化学物质是有用的,化学方法和思维是有用的,化学是有用的。从而培养学生的科学态度和社会责任,形成正确的化学价值观。

（二）基于"物质的组成和分类",培养学生分类观

目前人类发现的化学物质数以亿计,对于种类繁多的化学物质,要引导学生从不同的角度去分类、去理解、去认识物质的组成、性质及其变化,以形成基本的物质分类观。从历年高考试题中,我们可以发现在对于元素化合物知识的考查时,有很多陌生物质出现,这就要求学生能够准确对化学物质进行分类,不仅要掌握某一具体化学物质的性质,还要掌握同一类物质的性质。

在学习"简单分类法及其应用"时,让学生把学过的某一类物质给找出来,并从不同的角度对这类物质分类,在此基础上归纳该类物质的通性,进而书写有关化学方程式。为后面元素化合物知识教学做好铺垫。

【教学片段1】氧化物的分类
（1）我们学过的氧化物有哪些？
（2）请从不同的角度对上述氧化物分类,并说明分类依据。
（3）什么是酸性氧化物？什么是碱性氧化物？
（4）酸性氧化物与碱性氧化物的通性有哪些？举例并用化学方程式表示。

学生交流思考,学过的氧化物有 CO、CO_2、SO_2、P_2O_5、MgO、CaO、CuO、Na_2O 等。

在对上述氧化物分类时,学生想到从以下角度进行分类:

(1) 按组成氧化物的元素分非金属氧化物和金属氧化物。
(2) 能与碱反应的氧化物:CO_2、SO_2、P_2O_5。
(3) 能与酸反应的氧化物:MgO、CaO、CuO、Na_2O。
(4) 既不能与酸反应,又不能与碱反应的氧化物:CO。

从学生对氧化物的分类不难看出按氧化物的元素组成分类时,学生容易理解并接受,虽然学生能提出(2)～(4)方面从化学性质角度分类,但缺乏具体的概念支撑。因此,教师应该对氧化物的性质进行全面细致分析,让学生从性质上,由浅入深地建构对氧化物的分类的具体思维。教师引导氧化物从性质分类的具体流程如下:

1. 给出氧化物按性质分类的依据,建立思维导图

(1) 酸性氧化物:指能与碱反应生成盐和水的氧化物。
(2) 碱性氧化物:指能与酸反应生成盐和水的氧化物。
(3) 不成盐氧化物:指既不能与酸反应也不能与碱反应的氧化物。
(4) 两性氧化物:指既能与酸反应又能与碱反应的氧化物。

氧化物按性质分类的思维导图如图 7.1 所示。

$$\text{氧化物(按性质)} \begin{cases} \text{酸性氧化物}:CO_2、SO_2、P_2O_5 \\ \text{碱性氧化物}:MgO、CaO、CuO、Na_2O \\ \text{不成盐氧化物}:CO \\ \text{两性氧化物}:Al_2O_3 \end{cases}$$

图 7.1 氧化物按性质分类的思维导图

根据概念让学生总结相应酸性氧化物与碱性氧化物的通性,并写出典型代表物质的化学反应方程式。

2. 以表格和图示的方式深入理解概念

基于对概念的深刻理解,教师可以设计如下问题:

(1) 非金属氧化物都是酸性氧化物吗?
(2) 酸性氧化物都是非金属氧化物吗?
(3) 金属氧化物都是碱性氧化物吗?
(4) 碱性氧化物都是金属氧化物吗?

以上学生所列举的氧化物示例,很容易造成误判,为了说明这些问题,笔者采用表格和图示的方式来帮助学生理解。

从表 7.1 可以看出,酸性氧化物都能找到其对应的酸根离子,这些酸根与金属阳离子可以构成盐,如我们熟悉的碳酸钠、硫酸钠、磷酸钙、高锰酸钾等,且酸性氧化物与含氧酸根中所对应元素的价态是相等的。

表 7.1 酸性氧化物的含氧酸根举例

酸性氧化物	CO_2	SO_2	SO_3	P_2O_5	Mn_2O_7
含氧酸根	CO_3^{2-}	SO_3^{2-}	SO_4^{2-}	PO_4^{2-}	MnO_4^{-}

我们可以用图 7.2、图 7.3 所示的方式来展示用不同分类法得到的氧化物之间的关系。

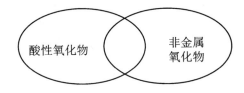 

图 7.2 酸性氧化物和非金属氧化物的关系　　图 7.3 碱性氧化物和金属氧化物的关系

通过多角度对物质进行分类,全面认识物质的化学性质,培养学生的分类观,把种类繁多的化学物质通过分类构成一个有序的逻辑体系,有利于把握物质间的区别与联系,进而探讨各类物质间的转化关系,为学生从整体上认识化学物质提供线索。

(三) 基于"离子反应",培养学生微粒观

对于"离子反应"核心概念的学习,隐含着化学学科"宏观-微观-符号"的三重表征认识逻辑。"宏观-微观-符号"三水平相结合的化学学习可以更好地统领化学知识的学习,把孤立的碎片化的知识整合在相关联有逻辑的网络中,从而更加深入全面地学习化学。

"微粒观"是高中化学中重要的核心观念,学生在初中已经知道物质是由分子、原子、离子等微粒构成的,初步了解到水溶液中存在离子,但对于离子的来源、数目等缺少准确的认识,学习电离、离子反应可以使学生对于水溶液中的微粒、反应有更加全面的认识,进一步发展了学生的微粒观。可以看出,以"离子反应"为核心概念的本质理解对学生进一步深入发展微粒观具有重要的支撑作用。高中阶段化学教学的重要任务之一就是要培养学生的微粒观,引导他们从微观的角度来认识化学世界。

【教学片段 2】引导思维,概念深化

教师:下面我们来探究 $Ba(OH)_2$ 溶液与 H_2SO_4 溶液混合的情况,请注意观察实验中的溶液现象和小灯泡的亮度变化。

(演示实验:向烧杯中加入一定量 0.01 mol/L $Ba(OH)_2$ 溶液,滴加几滴酚酞,在滴定管中加入 0.2 mol/L H_2SO_4 溶液,开启电源开关按钮,向烧杯中逐滴滴加稀 H_2SO_4,搅拌。)

教师:请同学们从宏观和微观两个角度分析,产生这样的实验现象及原因,并

完成表 7.2。

学生：（惊奇，惊叹，争先恐后汇报实验现象。）

表 7.2　实验现象、解释和结论

实验现象	解释和结论
溶液红色逐渐褪去	OH^- 浓度逐渐减少：$OH^- + H^+ \rightleftharpoons H_2O$
产生白色沉淀	$Ba^{2+} + SO_4^{2-} \rightleftharpoons BaSO_4\downarrow$
开始灯泡由亮→熄灭	溶液中离子浓度减小
后来灯泡由熄灭→亮	$Ba(OH)_2$ 溶液反应完全后，硫酸浓度增大

教师：同学们分析得太精彩了，大家能不能尝试从微观角度定量地分析溶液中微粒数量的变化，进一步解开实验现象背后的奥秘呢？

学生：（思考片刻，举手展示自己的设计思路，如图 7.4 所示。）

$$\begin{array}{c} Ba(OH)_2 \quad\quad H_2SO_4 \\ \downarrow \quad\quad\quad\quad \downarrow \\ Ba^{2+} + SO_4^{2-} \rightleftharpoons BaSO_4 \\ 2OH^- + 2H^+ \rightleftharpoons 2H_2O \end{array}$$

图 7.4　溶液中微观粒子变化

教师：通过上面的实验分析，大家能总结离子反应的实质吗？

学生：离子反应的实质是某种离子浓度的减少。

教师：同学们成功地分析了这些离子间的相互作用。那么，如何用化学符号表达这个反应的离子方程式呢？

学生：（跃跃欲试，难掩兴奋。）

$$Ba^{2+} + 2OH^- + 2H^+ + SO_4^{2-} \rightleftharpoons BaSO_4\downarrow + 2H_2O$$

设计意图：通过教师演示实验，学生发现了奇妙的实验现象，激发了学生强烈的学习兴趣；逐步引导学生经历科学探究的思维过程，帮助其形成"从宏观到微观，从定性到定量"的认知过程，深化对"离子反应"概念的理解，强化了"微粒观"，促进学生科学素养的发展。

（四）基于"价类二维图"，使知识系统化、网络化，培养学生的元素观和变化观

元素是组成物质的基本成分，100 多种元素组成了世界上几千万种物质，通常我们的化学物质千变万化，只是元素的重新组合，在化学反应中元素不变。我们可以利用价类二维图来展开同一元素在不同物质间的转化过程，使学生知识系统化、网络化，增强知识的拓展性和迁移功能。下面就以铁元素和硫元素的价类二维图

来说明此图的基本构造方法。

学生可以将所学的元素化合物按照图7.5、图7.6所示一一列出,构建知识网络,并写出各类物质间相互反应的实验现象及反应方程式,构建和应用价类二维图的过程是培养学生的元素观和变化观的过程。让学生基于自身原有认知基础,深入思考,外显思维,建立一种有序的思维方式和思维习惯。笔者认为价类二维图是学习元素化合物知识的一个很好的教学策略。

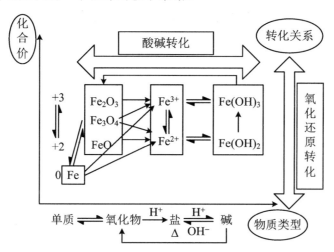

图7.5 铁及其他化合物价类二维坐标

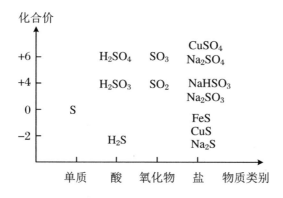

图7.6 硫及其他化合物的价类二维图

从上述事例中可以看出,化学基本观念不是以现成结论的形式出现在教材中的,而是内隐于课程教材知识体系当中,并随知识层次的推进而发展深化的,是中学化学学科知识体系的灵魂。化学基本观念也不是从别人那里接受的,而是学生主动建构的,是事实、概念、原理等具体化学知识经思维加工后在学生身上所沉积下来的一种科学素养,这种素养一旦形成就会支配和影响着学生在获取知识、解决问题时的思维方式和方法选择。纵观化学学科的发展历程,可以发现化学基本观念并不是单独存在的,它总是寓于具体的化学知识中,并通过他们表现出来。而具体化学知识也因承载和凸显化学基本观念而体现自身的价值,若缺乏化学基本观念的支撑,具体化学知识只是缺乏内在生命力的文字堆砌。因此,具体的化学知识是化学基本观念的载体,而化学基本观念是化学知识的灵魂。化学基本观念依据于化学基本知识而形成。但这并不等于说化学基本观念与化学知识之间是一对一的关系。事实上一种化学观念对应着大量的化学知识,这是因为一种具体的化学观念是对化学学科某一领域研究成果的提炼概括,而且它的形成是一种润物细无声的过程。

第八章 化学传统文化育人策略

第一节 关于化学传统文化育人概述

优秀传统文化是民族的魂,化学课程应该结合教学环节渗透中华民族优秀传统文化,让化学课堂形象生动,有效激发学生的学习兴趣,培养学生化学学科的核心素养,也能更好地推动优秀传统文化的发展。化学作为一门在原子、分子水平上研究物质的组成、结构、性质、转化及其应用的一门自然科学,具有很强的创造性,普通高中化学课程是落实立德树人根本任务、发展素质教育、弘扬科学精神、提升学生核心素养的重要载体,与中华民族优秀传统文化具有很高的价值契合。2020年教育部考试中心命题专家指出:高考化学试题应自觉传承我国科学文化,注重挖掘中华民族优秀传统文化中的工匠精神和技术创新思想,选取我国古代化学方面的成果,增强文化自信。因此,高中化学要注重传统文化渗透,增强学生文化底蕴。

现行"新课标"化学教科书与此前的教科书相比,其优秀传统文化无论在内容选择还是呈现方式上都有了巨大进步,同时仍有一些内容值得进一步完善,以更好地符合新时代中国特色社会主义及《普通高中化学课程标准》(2017版)对爱国主义教育的具体要求。高中化学必修教科书共8章,其中2章未出现优秀传统文化,3章没有出现国情教育。其原因主要是部分章节涉及元素周期律、物质结构、化学方程式等理论性内容,不利于本土化内容的呈现。但以上数据仍从某种程度上反映出教科书中的传统文化和国情教育内容分布不够均匀。在今后的教材修订工作中,应针对这些章节选择合适的切入点,自然融入传统文化和国情教育内容,尽量做到全面覆盖。另外,当前教科书对部分传统文化素材的叙述有待进一步完善。例如,教科书给出古代炼丹设备插图,但未给出其名称和用途,初学者难以想象其作用;某单元篇头图使用了古代书画,书中没有给出相应说明,学生不易将其与化学产生联系。如教学中未及时补充相关信息,其教育作用则难以得到充分发挥。现在课本引入的科学家绝大部分为近现代的科学家,建议课本可以考虑引入一些中国古代对化学做出卓越贡献的科学家,如葛洪等。课本对绝大多数的科学家只是进行了简单的介绍,还可以为学生简洁地介绍科学家的发现过程,让学生通过了解科学家的事迹,在对化学知识有更深刻理解的同时,学习科学家刻苦钻研的精神,使学生在化学的学习过程中有更大的收获。化学教科书对传统文化素材的运用,目前多处于展示古代化学技术、工艺、工具的学科知识层面,对相关传统思想、艺术和生活习俗的挖掘,以及传统文化蕴含的其他教育价值的利用还不充分,教学中引发的思维活动较少。例如,高中介绍有机化学时涉及我国古代酿酒和制醋技艺,教科书可借此进一步设计相关活动或习题,使学生在知识应用中加深对传统文化的理解。这里需要注意的是,对传统文化蕴含的其他教育功能的开发要尊重客观事实,避免牵强附会,以确保所用材料和结论的科学性。

教育部考试中心提出高考所有学科必须渗透"一点四面"的考查,即以立德树人为核心(一点),强化社会主义核心价值观、中华优秀传统文化、依法治国和创新精神(四面)的考查。中考、高考中都应增加中华优秀传统文化内容的比重。通过加强对中华优秀传统文化的考查,引导学生提高人文素养,传承民族精神,树立民族自信心和自豪感。

高考化学试题中对于中华优秀传统文化的考查,不是简简单单地考查死记硬背的知识,而要注重传统文化在现实中的创造性和创新性发展。试题命题立意较高,题干内容多数以古代化学史、古文献中的优秀传统文化为背景,考查学生的文学功底和文本解读能力。但落点适中,侧重考查教材中的基本知识、基本方法和基本应用。

2019新课标Ⅱ中"春蚕到死丝方尽,蜡炬成灰泪始干"是唐代诗人李商隐的著名诗句,下列关于该诗句中所涉及物质的说法错误的是……"春蚕到死丝方尽,蜡炬成灰泪始干"是学生十分熟悉的诗句,我们要从中挖掘出解题关键"春蚕"和"蜡炬",进而进一步分析物质性质和发生的反应。这些古诗句写者无意,我们学者要有心,根据诗句中的现象分析其蕴含的化学知识。

另外化学实验中的过滤、蒸发、蒸馏、升华等操作在有关药物提取的古典书籍或我国古代有关科技的书籍中都有记载,近年来的部分化学试题经常结合这些"文献"记载考查实验操作名称、操作方法等。

借助传统文化考查化学知识,既能考查考生对化学基本知识的掌握情况,还能考查考生提取信息和应用信息解决问题的推理能力与判断能力。顺利解答这类题目需要掌握扎实的化学知识和理论,另外还需要具备一定的文言文功底,好的文言文功底有助于对传统文化的"文献"翻译,便于对题目的理解。例如,《本草图经》对水银的制备有如下描述:"朱砂,作炉置砂于中,下承以水,上覆以盎,器外加火养,则烟飞于上,水银溜于下,其色小白浊。"朱砂指的是HgS,推测文中涉及的物理过程。

物质成分的推断是高考试题的重要题型之一,结合传统文化进行命题,展现了试题的新颖性,这种借助传统文化考查物质成分的试题大致有两种类型:一种是"文献"中直接描述被考查的物质的用途、性质,由此判断其成分;另一种是"文献"中给出了有关物质的化学反应,通过化学反应所呈现的信息推断反应过程中有关物质的成分。通过古代文献中对某物质的描述,判断物质组成及成分,属于推断类型的题目。解答这类题时,要把文献中表示物质颜色、性质等的关键字与自己掌握的化学知识进行对比,从而判断选项是否正确。例如,我国明代《本草纲目》中记载了中药材铁华粉的制作方法:"取钢煅作叶,如笏或团,平面磨错,令光净,以盐水洒之,于醋瓮中,阴处埋之,一百日铁上衣生,即成粉矣。"推测中药材铁华粉的主要成分。

再有就是物质的物理和化学变化。古诗词中描述的往往是生活中的某个现象,有些现象与化学知识密切相关,根据诗词中的现象分析其蕴含的化学知识,对古诗词的"花样"理解,其中考查诗词中的物质变化(物理变化和化学变化)是常见的,有关化学变化的判断中,要抓住诗词歌赋中的关键词,若字里行间能读出与"爆炸""燃烧"有关的含义,则该诗词描述的现象中一定涉及化学变化。下列诗句内容基本不涉及化学变化的是:王安石的《元日》"爆竹声中一岁除,春风送暖入屠苏",刘禹锡的《浪淘沙(六)》"美人首饰侯王印,尽是江中浪底来",刘琨的《重赠卢谌》"何意百炼钢,化为绕指柔",苏味道的《正月十五夜》"火树银花合,星桥铁锁开"。综上高考题,可以看出一定的文言文理解能力是必需的,传统文化类试题材料大部分是从古籍中截取出来。第一,了解文字的构造原理。金属的偏旁部首多为"钅",液体的偏旁部首多为"氵",气体的偏旁部首多为"气",了解汉字基本的构造原理,可对习题中的古文做出简单判断。第二,了解一些物质的俗名。赤铜→纯铜,也称红铜、紫铜;青铜→铜锡合金,是最早利用的合金;黄铜→铜锌合金;赤铁→氧化铁(Fe_2O_3);磁铁→四氧化三铁(Fe_3O_4);炉甘石→碳酸锌($ZnCO_3$);倭铅→锌(Zn);硝石→主要成分为KNO_3;矾→某种金属的硫酸盐,例如明矾为铝、钾的硫酸盐,即十二水合硫酸铝钾$[KAl(SO_4)_2 \cdot 12H_2O]$。了解古文中物质的名称,对于做题有很大帮助。只有学生具备一定的文言文理解能力和一定的古文修养,才能做好传统文化类化学习题。

一定的信息提取能力也很关键,文言文相较于白话较繁琐,难以理解,对于试题来说不必要求学生全部翻译理解,只需抓住关键信息即可轻松答题。2015年全国卷1理综部分第7题,此题是物质性质的考查。关于"强水"的描述,根据"能蚀五金"可知其腐蚀性强,可以腐蚀大部分金属。其中氨水为弱碱性,不与金属反应;醋为弱酸,不具强腐蚀性;卤水是海水制盐后残留的母液,主要成分为氯化镁。因此可断定强水即为硝酸,硝酸具有强氧化性。此题学生抓住"能蚀五金"这个信息点,答对此题则无压力。如2019年全国卷1第7题,该题亦为元素化合物性质考查。A选项说氧化铁是红棕色,瓷器的青色一般来自氧化亚铁,故A错误,答案选A。此题要求学生掌握陶瓷的基本知识,同时掌握金属颜色方面的知识,学生在答题时只需要掌握氧化铁不是青色的,就能轻松答对。

化学试题灵活多变,上述几个案例只是冰山一角,但从中可以窥探出传统文化在化学课程中的重要性。在高中化学教学中渗透中国传统文化,例如诗词歌赋、对联、名人轶事、典故等,可以让学生感受中国古代人民的智慧,增强学生的民族自豪感,提高学生的学习兴趣。那么在新课程、新教材、新高考下如何渗透化学传统文化思想,现提出若干策略。

一、利用化学史

化学史是化学教学内容的一部分,是培养学生学科素养的重要内容,其特点无不打上了传统文化的烙印。换句话说,凡是历史,都有传统文化的影子。因此,在化学教学中,适当利用化学史,可以使化学教学与传统文化达到天衣无缝的融合。例如,学习乙酸,为什么其俗名称为醋酸呢?笔者在课上讲了这样一个传说:相传古代的醋是酒圣杜康的儿子黑塔发明的。杜康发明了酒,他儿子黑塔在作坊里提水、搬缸,什么活都干,慢慢也学会了酿酒技术。后来,黑塔觉得酿酒后的酒糟扔掉可惜,就存放起来,在缸里浸泡。到了第二十一日的酉时,一开缸,一股从来没有闻过的香气扑鼻而来。在浓郁的香味诱惑下,黑塔尝了一口,酸甜兼备,味道很美,便贮藏着作为"调味浆"。这种调味浆叫什么名字呢?黑塔用二十一日加"酉"字来命名这种调料为"醋",其中含乙酸3%~5%,故乙酸俗称醋酸。

二、使用修辞法

语言是教师教书育人的重要工具和载体,既要言简意赅、通俗易懂,又要生动形象、妙语连珠等。所有这些无不需要修辞方法的参与。教学语言需要使用修辞方法。例如,为说明原子、原子核、电子的大小关系,如果说原子是鸟巢(国家体育馆),那么原子核则是鸟巢中央的一只蚂蚁,电子则是蚂蚁嘴里的一颗小牙。在化学教学中,严丝合缝地融合于传统文化,是我国化学教学有别于其他国家化学的明显标志,体现了中国特色,既能贯彻落实新时代党关于"四个坚持"的教育总要求,实现"立德树人"的教育总目标,又能增加课堂教学的艺术性和审美性,真正体现真善美相统一的化学审美原则,提高化学学习的趣味性。在确保国家课程和地方课程实施的情况下,根据本校学生的需求,开设基于传统文化的化学校本课程,既能丰富学生学校课程,又能缓解学生学业压力,提升对化学的兴趣,培养学生的文化自信。笔者曾经根据学生的需要,开发了基于古代科技史的化学校本课程,从古代科技史中选取符合中学化学教学的、符合中学生认知特点的内容,分章节编制成册实施。根据《普通高中化学课程标准》(2017年版)的要求,本课程开发中遵循以下理念:以发展学生化学学科核心素养为宗旨,结合古代人民探索物质及其变化的历史,创设真实的问题情境,设计素养为本的教学设计,采取过程性评价为主、结果性评价为辅的评价方式。

三、明确教学目标

结合化学核心素养,围绕"科学探究""证据推理""科学态度""社会责任"四个方面确立本课程教学目标。第一,通过对古代科技中化学知识的挖掘,设置真实的探究情境,养成科学探究精神;通过实践和操作,提高动手能力,能够客观地记录并解释实验现象,深化化学是一门以实验为基础的学科的认知。第二,通过收集与整理资料,树立证据意识,基于证据对物质的组成、结构及其用途进行推理;能从化学变化中提取有用的信息,对有关化学问题提出假设,并能对其进行证明。第三,通过对古代科技中神奇、玄奥现象(如火浣布、炼丹等)的讲述,从而破除迷信,养成敢于质疑、认真求实的精神;树立科学态度,能够辩证地看待事物的发展。第四,通过对古代化学的学习,可以体会到古人的勤劳及智慧,了解化学来源于生产实践,进而指导生产实践;提高化学学习的兴趣,激发对生活的探索,强化社会责任感,树立人与自然和谐共处的观念。

四、设计课程内容

课题选择趣味化、生活化。调查发现,学生对涉及生活化、趣味化的化学知识比较感兴趣。因此我们在课题选择上,设计了洗漱化学、酿酒化学、酱醋化学等章节,充分体现了化学来源于生活实践,加深学生对化学实用性的认识;同时设置了炼丹、火浣布、五石散等章节,旨在激发学生对化学的兴趣和批判地看待事物发展的辩证思维。课程内容设计上遵循高中生的心理发展规律,由浅入深,层层递进。依据人教版化学教材的安排,从金属到非金属再到有机物。鉴于炼丹、火浣布、五石散等内容学生接触较少,理解起来较为困难,因此将它们安排到后两章,单元设计如表8.1所示。在结构上参考人教版化学必修教材,设置有资料卡片、图片展示、动手实验、拓展探究等栏目,课程中穿插大量图片,便于学生理解;同时利用现代新媒体技术,扩展学生的知识面,增加化学学习的宽度与厚度。

表 8.1 单元设计表

章节主题	课时主题	内容要求
第一章 文物中的化学	课时 1 青铜器文化 课时 2 绚丽多彩的琉璃 课时 3 陶瓷工艺	学习青铜器、琉璃、陶瓷中蕴含的化学知识,感受和体验古人的智慧,培养学生民族自信心

续表

章节主题	课时主题	内容要求
第二章 洗洗更健康	课时1　洗漱的历史 课时2　动动手,自己制作肥皂	了解洗漱历史,草木灰、皂角猪胰皂等,感受到化学来源于生活实践; 通过动手做肥皂,提高动手能力,养成科学探究精神
第三章 战争还是烟花	课时1　火药的缘起 课时2　火药的用途	了解火药的起源历史,学习火药中的化学:硫酸钾、硫磺、木炭; 从火药在武器及烟花两种不同的用途出发,培养学生科学地看待事物发展
第四章 民以食天	课时1　酿酒文化 课时2　古代酱醋化学 课时3　动动手酿制葡萄美酒	了解我国悠远的酿酒文化和酱醋文化,学习其中蕴含的有机化学知识; 学生一起动手酿制葡萄美酒,感受到化学的乐趣,激发对生活的探索
第五章 我愿长生不老	课时1　炼丹术的历史缘由 课时2　炼丹术中的化学 课时3　动动手趣味炼	了解古代炼丹术的缘由,能科学地评判炼丹术,养成科学思维,增强思辨能力; 揭开炼丹术神秘的面纱,一起动手,从而破除迷信,反对封建,树立科学态度
第六章 奇幻的神话世界	课时1　神奇的火浣布 课时2　五石散:毒药？仙药？	和学生一起走进奇幻的神话世界,这些有趣、神奇的学习,有助于提升化学的魅力; 用化学知识解释其原理,养成科学探究精神

第二节　基于传统文化的单元教学案例分析

中华传统文化源远流长,中学生是国家的未来,将传统文化融入到教学中,学生在学习知识的同时,又能培养文化自信,树立正确的价值观,更能提升化学学科的核心素养。传统文化是中华民族在历史的生息繁衍中形成的理论化和非理论化的,并转而影响整个社会的、具有稳定的共同精神、心理状态、思维方式和价值取向等精神成果的总和。中华传统文化历史源远流长、博大精深,是中华民族宝贵的精神财富。

因此,教师应高度重视化学教育中的传统文化教育,钻研教材,研究方式、方法,把辩证唯物主义教育、爱国主义教育、环保意识教育等渗透到课堂教学,把提高学生道德素质落到实处。老师在教学中可以通过以下几个方面进行突破。

一、进行辩证唯物主义教育

"辩证法是唯一的、最高地适合于自然观这一发展阶段的思维方法"。在化学教学中,通过化学知识的传授,对学生进行辩证法思维的训练,培养他们的辩证唯物主义观点。

1. 对立统一规律

对立统一规律是唯物辩证法的核心,是认识事物的根本方法,对立统一规律揭示了矛盾着的对立面互相依存、互相联系的关系。

讲到"离子形成的本质"时,指明阴、阳离子通过静电作用形成稳定的化学键,并阐明这里的静电作用是阴、阳离子间的引力,核与核之间、电子与电子之间的排斥力。这种既排斥又吸引的一对矛盾在"一定距离"上又达到了力的平衡。又如溶解和结晶、分解反应和化合反应、氧化与还原等都反映了对立统一规律。可以培养学生"世界充满矛盾,而矛盾互相对立又统一"的观点。

2. 量变、质变规律

量变和质变是事物变化的两种形式。事物的发展过程就是由量变到质变,再由质变到量变的循环往复而由低到高的过程。

元素周期表有力地论证了事物变化中量变引起质变的规律性,从氢开始,核电荷数每增加 1,就产生一种新元素。中学化学教材中量变引起质变的事例还有很多。如碳、硫、氮三种元素可分别与氧元素形成不同的三组氧化:$CO-CO_2$,SO_2-SO_3,$NO-NO_2$。就每组内的两种物质而言,组成的元素种类相同,仅原子个数比不同,引起质变,化学性质也有明显差异。又如硫酸溶液由于浓度变化也会引起性质的变化:稀硫酸无吸水性、脱水性,而浓硫酸有吸水性、脱水性。由量变到质变的结合点分散在教材中,教学时应做深入研究,并创造性地加以利用。

3. 内因和外因的关系

内因是变化的依据,外因是变化的条件,外因通过内因起作用。这一规律在中学化学中也普遍存在。

化学反应速率的影响因素充分体现了内因和外因的辩证关系。影响化学反应速率的因素很多,最重要的因素是参加反应的物质的性质,即内因,如同浓度的稀盐酸分别与镁条和铁钉反应,盐酸与镁条的反应速率比盐酸与铁钉的反应速率要快得多,这是由于镁条的金属活动性比铁钉强,是由事物本身的性质决定的。若同是盐酸与碳酸钙反应,浓度大的盐酸比浓度小的盐酸反应速率要快,加热比不加热反应要快。在过氧化氢分解反应中,加入二氧化锰做催化剂,反应速率明显加快。由此可见,增大浓度、升高温度、使用催化剂这些外部条件的改变也能起到加快反应速率的作用。影响化学反应速率的还有其他因素，这里就不一一列举了。但对于一个不能发生的反应，不管外因如何变化，如增大浓度、升温、加催化剂等反应也还是无法进行。又如，氢气和氧气可化合成水，但常温下两种气体混合几乎不反应，而在点燃的条件下，立即爆炸生成水。思想观点教育的切入要自然，使师生配合默契，知识点自然地渗透。

4. 现象和本质的关系

现象是事物的表面特征及这些表面特征之间的外部关系，本质是事物的根本性质。现象与本质的关系是对立统一的辩证关系，一方面现象和本质是统一的，可以通过现象认识本质；另一方面，现象和本质又是对立的，必须透过现象来认识本质。

化学反应常常伴有发光、发热、生成沉淀、逸出气体、改变颜色等现象，但上述现象却不一定是发生化学反应。在具有相同现象的变化中，有的表现出相同的本质，如一切燃烧现象，其本质是发生氧化还原反应。但有些现象相同的变化表现的本质却不相同，如氢氧化钠和氧化钙溶于水时都放热，氧化钙是和水发生了化学反应放热，而氢氧化钠溶于水时并没有发生反应，只是溶解的过程中放热。所以必须透过现象看本质，具体问题具体分析。中学化学教材中有大量的辩证唯物主义思想教育素材，教师在教学中应根据化学学科的特点，自然地引导学生学习辩证唯物主义，使学生在掌握学科知识的同时潜移默化地接受辩证唯物主义观点。

二、进行爱国主义教育

我们在学习化学时，应竭尽全力，发掘化学教材中有关爱国主义的教育素材，适时对学生进行爱国主义教育，提高学生的思想道德素质。例如，古人发明造纸、制火药、烧瓷器；我国是最早使用煤、天然气、石油的国家，也是最早冶铁、炼钢并用湿法炼钢的国家。新中国成立后，我国在世界上首先人工合成了具生命力的结晶牛胰岛素。我国的煤炭、水泥、玻璃等产量已跃居第一位，钢铁、石油、化肥、合成纤维、硫酸等产量也跃居世界大国的地位。在世界化学史上我国出现杰出的代表有发明联合制碱法的著名化学家侯德榜先生，参与相对原子质量测定的张青莲教授。提到化学，学生想到的第一点就是西方的各种实验，而我国也有很多在化学方面做出突出贡献的科学家。教师为学生讲解我国的化学史，能让学生产生一种使命感，督促学生努力学习化学，提高自己的能力。教师应该让学生知道化学萌芽出现在中国，现代世界的发明有一半以上是建立在中国基本的发明创造上的，这些发明造就了东方文明古国，所以学生们应该肩负起继承和弘扬中国优秀的传统文化的责任。例如，商代利用化学拥有高超的制陶、青铜冶炼和制造技术，制造了许多在现代人看来都叹为观止的器具；西汉时期可以熟练利用"水法炼铜"来冶炼金属；东汉时期造纸术在国内推广，纸逐渐成为人们广泛使用的书写材料，提高了生活水平。

教师适当地让学生了解这些伟大的发明创造,可以激起学生对祖国的热爱和学好化学的决心。人教版化学教材中蕴含着较多的中国传统文化元素,通过实物图片、文章故事等方式,为学生介绍了我国科技发展所取得的卓越成就,书中通过引言、尾注、资料卡、知识拓展等模块为学生介绍了化学在中国的发展史。但课本中化学历史的引入还应增加内容,做相应的改进。课本对绝大多数的科学家只是进行了简单的介绍,还应该为学生系统地介绍科学家的发现过程,让学生通过了解科学家的事迹,在对化学知识有更深刻理解的同时,学习科学家刻苦钻研的精神,使学生在化学的学习过程中有更大的收获。从古到今我国科学家所取得的化学成就,无疑给学生增强了民族自尊心、自信心和自豪感;而科学家们不畏挫折、勇于探索的精神,又给学生树立了学习的榜样,激励着他们产生学好知识、报效祖国的强烈愿望。

三、进行环境保护教育

保护环境是我们国家的一项基本国策。在中学化学教学中,结合教材,对学生进行环境保护教育,是我国现代化建设的需要,也是我们中学化学教师的义务。中学教材中,有关环保知识的内容很多,在教学中,及时地穿插向学生进行环保教育,对增强学生的环保意识,提高学生的环保素质是大有好处的。培养学生可持续发展意识,化学课本介绍了关于环境污染的问题,这与我国"天人合一"的传统文化思想是相契合的。在五千多年的历史中,中华民族的和谐文化基因在许多人的心中根深蒂固,如以孔子为代表的儒家就追求"天人合一",这代表着人与自然和谐相处的最高境界,强调人尊重自然就是保护自己。孟子所说的"顺天者存,逆天者亡"也强调了人与自然要和谐相处,不可以因为自己的一己私欲而破坏人与自然的和谐。教师可以为学生讲解一些环境破坏的问题,让学生树立关爱自然、保护自然的和谐观念,尊重大自然的发展规律,在生活中关注一些环境保护方面的问题,深刻地看待科学与社会发展的关系,树立可持续发展的理念,提高学生的综合素质。教师让学生意识到环境破坏的危害问题,可在课堂上利用多媒体设施,为学生展示一些环境被破坏之后的图片,如臭氧层的空洞、被酸雨侵蚀过的土地、被雾霾笼罩的城市等。学生通过一些触目惊心的图片可以了解到保护环境的重要性。例如,铁路沿线丢弃的食品塑料、泡沫包装塑料已形成"白色污染"。由于工业废水、生活废水的任意排放,农药、化肥不恰当使用,使苏州河、淮河、秦淮河、黄孝河都变成"黑河"。城市和工业区上空大气中的二氧化硫、一氧化碳等有害粉尘不断增多,使空气变得浑浊,影响人体健康,腐蚀建筑物和文物古迹,影响蔬菜及其他农作物的生长,许多水生生物濒临绝迹。在化学教学中,联系当地实际、生活实际,一方面可以使学生意识到通过化学反应化害为利,消除污染;另一方面使学生树立环境意识,不要人为地造成环境污染。

中华传统文化博大精深，为我们的教学提供了广泛而丰富的德育教育资源。我们在结合优秀传统文化进行教学时，不仅要坚持古为今用、推陈出新、取其精华、去其糟粕，还应该大胆地让学生走出课堂，走入社会，亲身参加社会实践活动，做到"知行统一""学以致用"。只有这样才能更好地发挥中华优秀文化在化学课教学中的作用，达到培育和践行社会主义核心价值观，实现立德树人的根本任务。

第九章 "教、学、评"一体化教学策略

第一节 "教、学、评"一体化的内涵

《普通高中化学课程标准》(2017年版)指出:普通高中化学课程应建立以学生为主体,促进学生全面、健康且有个性发展的课程评价体系。在实际教学中,教师应处理好评价与教和学之间的关系,推动"教、学、评"一体化实施。化学教学实施"教、学、评"一体化,在课堂教学中,紧紧围绕化学学科的核心素养和化学学业质量要求两方面,确定化学学科的评价标准,树立正确的评价观,制定合适而精准的评价机制。

一、理解"教、学、评"一体化内涵

1. 什么是"教、学、评"一体化

"教、学、评"是教学过程的一个整体,正如崔允漷、夏雪梅在《"教-学-评一致性":意义与含义》一文中所论述的:"课程思维本来就需要一致性地思考在目标统领下的教学、学习、评价的问题。"围绕共同的目标开展教学、学习和评价活动,才能提高课堂教学有效性,更好落实学科核心素养。

"教"是教师依据学科核心素养的培养方向,制订教学计划和目标,通过组织各种形式的课堂教学活动,与学生互动的过程中达成学科育人的目标;"学"是学生在教师的指导下,有目的、有方法的通过主动参与各种课堂活动,将学科知识与技能转化为自身的学科核心素养,实现知识与能力的提高和素养的养成;"评"是教师在课前依据教学目标确定评价内容和评价标准,然后通过组织和引导学生完成预设好的多种评价活动,以此检验学生的学习过程,监测教与学的效果,实现以评促学、以评促教。"教"是以目标为导向,指向学科核心素养的培养;"学"是为了提高核心素养,与教的内容保持一致;"评"是为了促进教和学。

"教、学、评"一体化,指向有效教学。教师的"教"和学生的"学"是否能达成教学目标,是否是有效教学,这需要对教学过程进行及时评价。新课程倡导在课堂教学中,把"教、学、评"相互融合,重视过程性评价,把评价作为教学过程中一个重要

的环节,使教师的"教"、学生的"学"以及效果的评价三位一体化。这样评价不再游离于教学之外,而是紧密地融合在师生的整个教学活动中,教师也能及时、有效地了解教学效果,及时调整教学,提高学习目标的达成度。

"教、学、评"一体化,强调"教学、学习、评价"的三位一体关系。评价不是滞后、孤立地存在的,而是持续地贯穿在整个教学过程之中,和教师的"教"、学生的"学"紧密地融合在一起的,相互影响、相互制约。"教、学、评"一体化中的教学评价,不仅仅是终结性评价,不是教学后的一个独立环节,而是过程性评价,与教学过程是密不可分的一个整体。

"教、学、评"一体化,能有效调控教学,实现以评促教。教师要明确教学目标,设计合适的学生活动方案,根据预期的教学成果制定切实可行的评价方案,使教学意图更加清晰,教学目标更加明确。在教学过程中,教师引导学生合作探究,在完成预设的活动过程中,自然地呈现学习的状态和结果,教师通过观察学生的学习状态,收集学生的学习成果,了解学生已经学会了什么,学习结果和预期的学习目标还存在哪些差距,并及时反馈、调整教学活动,这样能通过评价有效调控教学,发挥评价的促教作用。

"教、学、评"一体化的评价是过程性评价和终结性评价的结合。评价是对某一事物依据某些标准而进行的价值判断。终结性评价在以往的教学中是一种重要的甚至是唯一的评价方式,大多是在一个阶段的学习后,以各种考试的形式检验学生对知识掌握的程度,忽略了学习过程的重要性,教学过程中个体的发展价值被漠视或未得到应有的体现。为了应对这种评价弊端,新课程改革中提出了过程性评价,过程性评价对学生的学习过程进行及时有效的评价,着眼学生的全面发展,改变过去只注重结果、目标单一的不科学的评价模式,注重学生的个性化发展,体现了素养教育的要求和以人为本的时代精神。过程性评价和终结性评价既有区别又有联系,它们都指向学科核心素养,为了同一个目标,是一个整体,更应该侧重过程性评价。过程性评价是对事物的发展过程进行动态的评价,涉及发展过程中的每一个点,由点汇成一条线,展现事物发展的动态评价趋势,是对学生日常学习过程中的表现、情感、态度、策略等方面的发展做出全方位的评价,评价的主体可以是教师,也可以是学生自己,还可以是组内或组间成员,评价形式也是多样化的,以练习、提问、小组活动等各种形式得到反馈。新课程提倡以过程性评价为中心,与终结性评价相结合的评价方式。

总之,"教、学、评"一体化强调教师的教学目标、学生的学习目标、课堂教学效果的评价目标的一致性。教师在进行课堂教学设计时,要求一体化的设计教、学、评,教、学、评是一个不可分割的整体。评价是为了检验学生学习学科素养达成情况,有利于教师及时有效地调控教学,评价要和教学过程融合在一起,成为课堂教学不可或缺的一部分。"教、学、评"一致性是设计组织"教、学、评"一体化的前提,正确地确定教学目标,设计科学有效的评价方案,是落实"教、学、评"一体化的关键。

2. 为什么要提出"教、学、评"一体化

"教、学、评"一体化的提出顺应了时代发展的要求，有利于深化新课程改革，促进化学学科素养目标有效落地。化学学科核心素养包括"宏观辨识与微观探析""变化观念与平衡思想""证据推理与模型认知""科学探究与创新意识""科学态度与社会责任"这五个方面。教学过程中如何检验核心素养的落实，目标是否达成，是否达到预期效果，这需要在教学过程中贯穿评价，及时掌握学生的学习效果。

传统的课堂教学方式中，主要存在教师的"教"和学生的"学"，教师按照课程标准制定教学目标，完成教学任务，学生在教师组织的各种教学活动中主动或被动地学习知识，教师的"教"和学生的"学"的目标是一致的，但是能否达成制定的教学目标呢？教学效果的评价大多只能通过阶段性测试来检测，也就是说在教与学的过程中缺少及时的评价，这样不利于教学的调整，降低了课堂教学的效率。

"教、学、评"一体化的提出，有利于引导教师从关注学习结果，即考试成绩，转向关注学习过程。传统的教学方式重结果、轻过程，教学效果主要以考试成绩单一呈现，教师、学生、家长只关注考试结果，学生学习的重心都在被动地接受知识和机械的习题训练，这样容易忽略学生的个体差异，学生的思维得不到良好的训练，久而久之，学生会对学习丧失兴趣，对事物缺少探究的欲望，缺乏创造性思维，不利于学生的持续性发展。"教、学、评"一体化突出教学过程的重要性，课堂教学不再是教师的"教"和学生的"学"两部分组成，过程性评价也会贯穿整个课堂教学中，教师的关注点从学生的考试成绩转移到学生的课堂表现，真正突出了学生在课堂教学中的主体地位。

"教、学、评"一体化的提出，有利于引导教师深入思考如何落实素养目标。传统教学模式中，教师更关注教什么、学什么的问题，忽略了学生如何学、学习效果怎么样。课堂教学中缺少评价设计，不能及时检验目标达成情况。"教、学、评"一体化强调教学评的一致性，三者密不可分，缺一不可。这要求教师在进行教学设计时就要深入思考教学目标的落实问题，每一个目标要设计对应的评价内容，并通过对学生学习成效的持续观察和评价，确保目标的达成。

"教、学、评"一体化是时代发展的必然产物，是教育教学改革的重要组成部分。能有效改变目前教育重结果、轻过程的现状，使教学形式更加多样化，有利于学生全方位可持续发展。

第二节 实施"教、学、评"一体化教学策略

一、实施背景

"教、学、评"一体化的核心是在课堂教学中的实施,实施的关键是将教、学、评进行有机融合,实现一体化教学,以优化课堂教学过程,构建高效的化学课堂。

传统的课堂教学注重教师的"教",备课时主要关注知识性内容,课堂是教师的"一言堂",教师只充当知识的传授者角色,而学生只能被动接受知识,这样的课堂没有活力,学生的学习能力得不到培养和提高。课堂教学中只有少量的提问,检查学生对知识的掌握情况,教学效果的评价主要通过阶段性测评体现,也就是所谓的考试成绩,考试成绩决定一切,这样的指导思想容易培养出做题的机器,而不是创造性人才。

随着教学改革的推进,课堂中学生的主体地位得以凸显,教师变为课堂教学的主导者,教师组织课堂教学,学生才是学习的主体,这种地位的转变打破了传统的教学模式,取得了前所未有的进步,从只强调教师的教"一言堂"到由教师的"教"和学生的"学"共同组成的二维课堂,这样能充分调动学生的积极性,使学生能积极主动地参与到课堂中来,有利于培养学生的自主学习意识和团队合作精神。由于开展多样化的课堂活动,加强了学生之间的交流与合作,增强了学生的主观能动性,能积极主动地去发现问题并解决问题,评价方式也随之改变,由结果性评价转向过程性评价,重视学生学习的过程,在整个教学过程中都会贯穿评价。课前、课中、课后会通过一些提问检查学生对知识的掌握和运用情况,但是这些评价方式更多指向学科知识和解题技能的效果检验,评价仅仅作为一个常规的教学程序,并不明确地指向学习目标达成度的评价,关注点停留在知识的掌握情况和运用所学知识的解题能力上,局限于知识技能简单运用能力和低层次思维能力的评价,不涉及此外学科核心素养的形成。

新一轮课程改革倡导立足过程、促进发展的课程评价,不仅仅是评价体系的改革,更重要的是评价理念、评价方法、评价手段以及评价实施过程的转变。过去的评价理念较为落后,主要目的是检查学生对知识的掌握程度以及解题能力。评价方式过于程式化,孤立存在于课堂教学中,没有与"教和学"深度融合。此外,评价方式过于单一,以提问、小测为主,着重解题训练,评价明显偏重于督促、检查、应试,很难体现促进、改进教学的作用。

结合新一轮课程改革的要求,全面落实化学学科素养目标,探索"教、学、评"一体化的课堂教学实施策略,是实现高效课堂的重要环节。

二、实施策略

"教、学、评"一体化的课堂教学的实施,第一,要制定符合学情的素养目标和评价目标。教师依据课程标准中学科核心素养培养的要求和学业质量标准,解读教学内容,确定教学目标。化学是一门以实验为基础的学科,化学又与我们的生产生活息息相关,知识性目标是最低层次的教学目标,应紧密结合化学学科的五大核心素养制定更高层次的教学目标,以培养学生的思维和能力为目的,激发学生对化学的兴趣,凸显化学的学科价值,培养学生的科学精神与社会责任。例如,在"氧化还原反应"(第一课时)中这样制定素养目标:① 通过日常生活中的氧化还原现象,学会用辩证的观点看待问题,感受化学的学科价值,增强社会责任感;② 通过氧化还原反应本质的认识过程,从宏观到微观,从现象到本质,初步建立氧化还原反应的认知模型;③ 通过化学史的学习,学会用变化观念理解氧化还原反应概念的发展过程,体验科学探究的艰辛历程。

第二,制定切实可行的评价标准。评价应该指向目标,评价的目的是检验教学目标是否落实有效。评价方式由传统的单一化转向多样化,由传统的结果性评价转向侧重过程性评价。评价应贯穿整个课堂教学中,并延伸至课前和课后。通过评价了解学生的学习成效,既包含知识和技能方面的,更应该注重必备品质的提升和学科价值的体现。不能以简单的提问和解题作为评价的标准和评价方式,教学过程中凡是有教育价值的活动,都应该通过评价给予支持和肯定,在教学过程中发现问题并予以调整教学。例如,在"氯及其化合物"第一课时探究氯气和水反应的教学环节中,从探究氯气和水能否发生化学反应到氯气和水反应生成什么产物,通过学生讨论并设计实验方案,最终得出氯气和水反应生成盐酸和次氯酸的结论。在设计教学活动的同时,也要制定评价标准,通过评价来检验目标达成度。此外,评价的目的主要是诊断学生的实验探究水平和创新意识,同时也可以从实验操作能力、环境保护意识、团队合作能力等方面做出评价,关注学生的全方位发展。

第三,实现教、学、评三者的深度融合。传统的课堂重视"教",忽视"学",而评价大多游离于课堂活动之外,或是在一个知识点完成后通过做题实现评价,这种评价形式单一,教师依然是评价的主体,学生的参与度不足,忽略了教、学、评三者之间的融合。评价的目的是调控教学、以评促教、以评促学,所以评价应该贯穿整个教学活动中,与教和学融为一体。教师设计的每一个教学环节和教学活动中,都应该融入评价,可以是教师评价、学生互评、学生自评的多种方式相结合,评价内容上可以从传统的知识性提问向多元化评价转型,把课堂还给学生,学生才是课堂的主体,鼓励学生在教学活动中积极思考、勇于创新、敢于发表自己的观点,教师通过学生在课堂中的表现,收集学生学习成效的证据,真实了解学习目标的达成度,通过课堂反馈,调整教学进程,促进学习目标的达成。例如,在"氧化还原反应"教学中,通过对具体氧化还原反应的判断和分析,从得氧失氧角度到化合价升降角度(宏观层面)再到电子转移角度(微观辨析)逐步深入的探究过程中,每一个阶段都深度融合评价来诊断学生对氧化还原本质的认识阶段(物质水平、元素水平、微粒水平)和认识思路的结构化水平(视角水平、内涵水平),达到教学和评价融为一体、以评促教、以评促学的目的。

随着新课程改革的推进和发展,贯彻"以人为本"的核心理念,紧紧围绕落实化学学科核心素养这一主旨,高中化学课堂中应注重教学目标与评价目标、学习任务与评价任务、学习方式与评价方式的整体性和一致性设计,真正落实教、学、评一致性。

第十章　新课程价类二维认知模型教学策略

第一节　价类二维认知模型理论概述

一、问题提出

高中化学以元素化合物知识为轴线，以化学基本概念、基本原理、基本理论为依据，研究物质及其转化规律，是高中化学核心内容，承载重要化学思想、观念、方法、能力、素养培养的教育功能。一方面，由于物质种类之多、物质变化纷繁复杂、结构各异各显特性，导致学生学习困难重重，学了后面忘了前面，仅仅只是停留在简单机械记忆，没有认识思路，没有完整认知模型的建构过程；另一方面，教师教学方法也只是停留在结构、性质、存在、用途的知识层面的简单罗列，其教学重点落在显性知识本身，没有深刻理解知识隐性的价值功能，没有从认识思路与方法上引领学生掌握研究问题的视角，教给学生的只是碎片化的一个个知识片段，没有形成结构化知识体系，导致学生遇到真实问题不会进行知识的迁移，没有分析解决问题的思路，对问题的理解与思考处于思维的前结构层次，只存在极其低级紊乱的思维。这样的教学无法达成新课程提出的素养目标，元素化合物知识是高中化学教与学的一个瓶颈问题。

二、新课程新课标目标指向学科素养

学习元素化合物知识的根本目的并不是让学生学会课本上一些物质的性质、会写一些化学方程式，而是通过元素化合物知识的学习，形成一定的认知模型，内隐认识方法，外显思维过程，学会研究认识物质性质的思路和方法，遇到现实生活中的陌生情境下的真实问题能够应用所掌握的系统结构化知识借助思维模型具有逻辑性的分析解决问题，彰显学科素养及综合解决问题的能力。明确了新课程的教学目标，理解了新教材的编写意图，对元素化合物知识教学的瓶颈问题，我们可以应用价类二维认知模型的教学策略，引导学生在学习过程中逐渐形成研究物质

的认识思路与认识视角,能够用联系的观点去研究物质之间的转化关系,对教材知识进行整合形成结构化知识体系,并能进行知识的随机迁移,解决具体真实的问题,伴随学生终身学习、生活、工作,适应未来社会的发展。

三、价类二维认知模型的涵义

认知模型是指人们对某种事物的认识借助于特定的模型,把认识过程的各要素联系起来,把各要素之间的关系纳入一个抽象的系统中,对已有的认识进行概括总结,同时产生新的猜想假设,形成新的思想认识和新的概念,实现由具体到抽象、由个别到一般的认识发展进阶。化学学科五大核心素养之一为"证据推理与模型认知",化学学科应用的模型多种多样,有结构模型、图像模型、概念模型、数学模型、思维模型、实验模型等,基于物质分类和元素价态研究元素化合物转化规律,以物质分类、元素价态为坐标形成二维空间,建立了一个研究元素化合物的空间坐标模型——价类二维认知模型,应用这种模型去认识研究元素化合物之间转化的一般规律,由具体物质之间转化的认识概括演绎成抽象的思维模型,再通过猜想假设、证据推理、科学探究,研究解决各种物质转化的规律,解决生活中的一些问题。

四、价类二维认知模型与重要化学观念的形成

在化学学习中帮助学生建构化学观念是化学教学的一项重要任务,在价类二维认知模型的建构过程中,实际上学生也在逐渐形成重要的元素观、物质转化观、物质分类观、粒子观、价态观等。这些观念是在通过具体物质的价类二维图的分析与认识过程中逐渐抽象出来的,再经过思维加工,形成了对物质转化的认识,能从物质类别、特定元素及元素价态、微观粒子等不同视角认识物质转化的本质,实现对元素化合物认识进阶,提高迁移应用能力、分析解决实际问题能力以及对新物质的研究的创新能力。

五、价类二维认知模型有效渗透化学"三重表征"

化学独特的表示物质及其变化的方法——宏观、微观、符号,价类二维认知模型有效渗透宏观现象、微观本质、化学方程式、符号化学的三重表征,不同物质的结构特征表现有差异,物质转化从化学热力学角度分析有能量的变化,从物质自身性质表现来看有颜色状态等宏观现象,通过宏观现象的假设猜测,设计合理方案寻求证据,去证实或证伪物质的转化,并从微观揭示转化的本质,应用化学符号把物质转化科学地表示出来,加深了学生对研究物质的认识,学会了科学研究的方法,提高了逻辑思维与判断能力,提升了学科核心素养。如图10.1所示的铁及其化合物

的价类二维图,从宏观、微观、符号研究湿法制备新型净水剂高铁酸钠的方案,让学生思考从物质类别如何实现碱与盐的转化,首先从元素价态+3价铁的化合物如何转化为+6价铁的化合物,寻找由$Fe(OH)_3$获得Na_2FeO_4的可能途径,猜测反应物;然后从宏观角度分析可能发生的现象,用微观粒子发生的变化去解释可能的现象;最后通过实验论证猜想与假设,用化学方程式表示完整的物质转化过程。

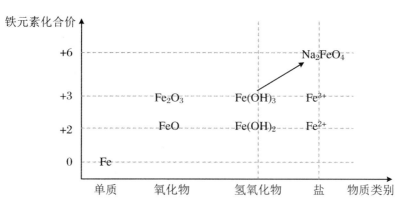

图 10.1　铁及其化合物的价类二维图

综上所述,价类二维认知模型能有效渗透化学"三重表征",培养学生多种思维能力与科学探究能力,提升学生学科素养。

第二节　价类二维认知模型在教学中的应用策略

依据新课程新课标,元素化合物教学应该超越知识,由知识本位转向学科素养的培养,摆脱传统"结构-性质-用途"单一教学模式的束缚,紧密联系社会实际,基于学生已有的社会生活经验,以解决真实情境下的真实问题为导向,引导学生逐步形成研究元素化合物知识的认识和方法,能够从物质分类及元素价态等多角度深层次思考物质转化,能够把物质转化涉及的宏观、微观、条件、化学热力学、化学动力学等因素联系起来,培养学生演绎推理、知识迁移及创新思维能力与科学探究能力,提升学科综合素养。

如对"亚铁盐与铁盐"教学时,包括以下几个环节。

环节一:认识铁与人类生命活动的关系,提供教材资料卡片(人体中的铁元素),引导学生阅读讨论,人体中缺铁导致的严重后果,了解生活中含铁丰富的食品,提出讨论问题,如果人体缺铁,可以服用何种药物补充,再引出问题"为什么维生素C与补铁药物同服有利于铁的吸收? 为什么药片外层加上薄膜糖衣?"这些来自学生生活的真实情境下的问题与学生所学习的知识紧密联系,使学生感受到学科知识的价值及对生命的敬畏,体会素养教育的意义。

环节二:让学生在价类二维图的坐标中找到各含铁元素的物质的位置,如 Fe、Fe^{2+}、Fe^{3+}、$Fe(OH)_2$、$Fe(OH)_3$、FeO、Fe_3O_4、Fe_2O_3(图 10.2)。

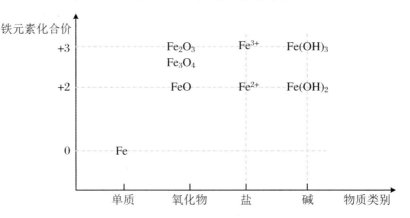

图 10.2　铁及其化合物的价类二维图

环节三:学生讨论从物质类别、铁元素价态不同的视角预测亚铁盐的化学性质(图 10.3),并说明预测的依据,让学生依据已有知识经验用联系的观点与发散的思维进行猜想与假设,完全依据自己的认识对相关知识进行系统整合,建立基于价类二维研究物质性质的思路和方法,通过学生讨论、交流汇报,判断学生认识水平,从单纯知识转化为素养。

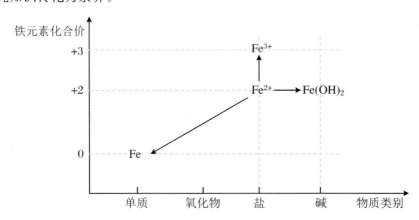

图 10.3　亚铁性质的价类二维图

环节四:学生依据自己的预测,从供选择的化学试剂中选出合适的试剂,设计实验方案来验证自己的猜想和预测,并说明选试剂的理由及可能的现象,所提供的试剂包括 NaOH 溶液、$FeSO_4$ 溶液、KI 溶液、淀粉溶液、酸性 $KMnO_4$ 溶液、KSCN 溶液、H_2O_2 溶液、Zn 粉。学生对自己的选择进行解释,师生交流对话,达成共识,将实验结果填入表 10.1 中。

表 10.1　学生实验活动记录

预测性质	选择试剂	选择试剂理由	可能的现象	判断依据

环节五：学生设计实验方案，获取证据，论证自己的假设，小组合作完成实验并记录实验现象。小组成员分工协作，仔细观察、认真记录，对宏观现象的本质，从微观角度进行讨论分析，得出结论，并完成化学方程式及相应的离子方程式，将实验结果填入表 10.2 中。让学生亲自实践探究，分析思考推断，给学生提供自主探究的学习机会，充分展示发现学生的潜质，同时判断学生的思维层次及实践动手能力。

表 10.2　学生实验活动记录

实验内容	实验步骤	实验现象	结论与离子方程式
$FeSO_4$ 与 NaOH 溶液反应验证	向 $FeSO_4$ 溶液中滴入 NaOH 溶液，振荡		
$FeSO_4$ 与 KI 溶液反应验证	向 $FeSO_4$ 溶液中先滴入 KI 溶液，振荡，再滴入淀粉溶液		
$FeSO_4$ 与 Zn 粉反应验证	向 Zn 粉中加入 $FeSO_4$ 溶液，振荡		
$FeSO_4$ 与 H_2O_2 溶液反应验证	向 $FeSO_4$ 溶液中滴入 H_2O_2 溶液，振荡		

环节六：归纳总结，建立研究元素化合物的思路与方法，如图 10.4 所示。

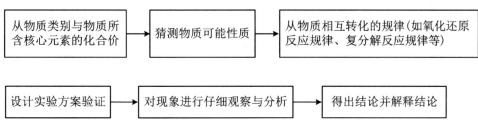

图 10.4　研究陌生物质思维模型

综上所述，应用价类二维认知模型教学策略流程如图 10.5 所示。

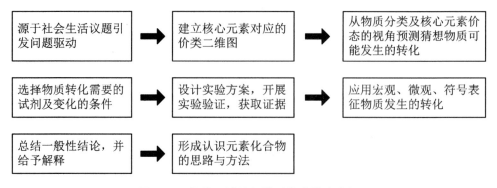

图 10.5 价类二维认知模型教学策略流程

一、价类二维认知模型实现知识向创新思维转化

单一从知识层面去认识物质间的转化是最基本的要求,而以往知识本位的教学教师对元素化合物教学的目标就定位在知识层面,要求学生背化学方程式,并要求学生建立元素化合物间的转化关系图,这些独立零散的知识学生不仅记不住而且也不会应用,更不会迁移研究新的陌生物质。价类二维认知模型超越了知识层面,它可以把目标转向研究物质的思路与方法,让学生学会如何研究物质转化,从研究的视角看问题,突出学生思维与认识的发展,学生学到的是方法,建构的是认识思路,提升的是能力素养,有了这些,学生能够在陌生情境下去迁移解决真实问题,激发潜能。如对"硫及其化合物之间的转化关系"课程的学习,低级思维知识层面就是要求学生能够建立如图 10.6 所示的物质转化关系。

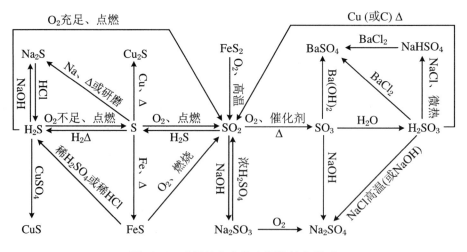

图 10.6 硫及其化合物之间的转化关系

从价类二维视角认识硫及其化合物之间的转化关系,从素养能力层面认识价

类二维视角,让学生建构硫及其化合物之间的转化关系(图10.7)。

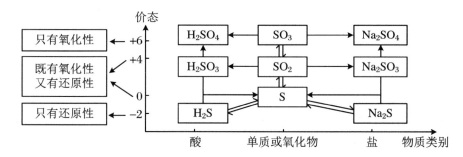

图 10.7 硫及其化合物之间转化关系的价类二维图

依据价类二维认知模型,学生按照一定的思路查找相关文献,对陌生硫及其化合物性质进行研究,如迁移应用,预测陌生含硫化合物 Na_2S_x、$Na_2S_2O_3$、$Na_2S_2O_4$、$Na_2S_2O_5$、$Na_2S_2O_6$ 等的性质。

二、价类二维认知模型培养学生自主探究和创新思维能力

新课程改革以教代学的传统知识本位的教学模式,倡导以学生为中心,促进学生自主探究学习,培养学生学习能力,在学生探究体验学习过程中锻炼创新思维能力,发展学生学科核心素养。对元素化合物知识的学习基于价类二维认知模型,就是从学生素养发展目标考虑,彰显学生自主探究,教师要把教学重心落在学生能力和素养的提高上,让学生通过元素化合物学习,学会从不同的角度认识物质,学会一种研究方法,建构一种思维模型,能够活化所学知识,迁移解决实际问题,提高自主探究能力与创新思维能力。

如2020年全国高考理科综合第26题关于制备 NH_4VO_3,就需要学生具备对元素化合物的认识思路及自主探究、创新思维能力,方可解决工业生产中这一实际问题。

钒具有广泛用途。黏土钒矿中,钒以 +3、+4、+5 价的化合物存在,还包括钾、镁的铝硅酸盐,以及 SiO_2、Fe_3O_4,采用以下工艺流程可由黏土钒矿制备 NH_4VO_3(图10.8)。

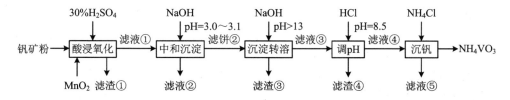

图 10.8 黏土钒矿制备 NH_4VO_3 的过程

该工艺条件下,溶液中金属离子开始沉淀和完全沉淀的 pH 如表10.3所示。

表 10.3　溶液中金属离子开始沉淀和完全沉淀的 pH

金属离子	Fe^{3+}	Fe^{2+}	Al^{3+}	Mn^{2+}
开始沉淀 pH	1.9	7.0	3.0	8.1
完全沉淀 pH	3.2	9.0	4.7	10.1

回答下列问题：

(1)"酸浸氧化"需要加热，其原因是_____。

(2)"酸浸氧化"中，VO^+ 和 VO^{2+} 被氧化成 VO_2^+，同时还有_____离子被氧化。写出 VO^+ 转化为 VO_2^+ 反应的离子方程式是_____。

(3)"中和沉淀"中，钒水解并沉淀为 $V_2O_5 \cdot xH_2O$，随滤液②可除去金属离子 K^+、Mg^{2+}、Na^+、_____，以及部分的_____。

(4)"沉淀转溶"中，$V_2O_5 \cdot xH_2O$ 转化为钒酸盐溶解，滤渣的主要成分是_____。

(5)"调 pH"中有沉淀生成，生成沉淀反应的化学方程式是_____。

(6)"沉钒"中析出 NH_4VO_3 晶体时，需要加入过量 NH_4Cl，其原因是_____。

本题设计含钒元素物质的转化，既要从钒元素价态变化的视角思考，同时又要从物质类别转化的视角思考问题，其中的第(1)问、第(2)问，涉及元素价态的变化，第(1)问同时考虑化学动力学问题，第(2)问涉及低价钒及低价铁的价态升高，高价锰元素价态的降低，VO^+ 转化为 VO_2^+ 反应的离子方程式的书写，涉及产物判断、配平等综合能力，其他几问都是物质类别的转化。如果我们的教学只停留在单一元素化合物的知识层面，学生没有认识思路与方法，没有一定的自主探究与创新思维能力，本题所提出的问题学生便束手无策。

三、应用价类二维认知模型培养学生问题意识与实验能力

心理学告诉我们，人们的思维是在发现和解决问题时，才会积极起来，学生在学习过程中只有不断地质疑，才能高度集中注意力，使思维处于最佳兴奋状态，积极思考，从而产生一种我要学的强烈的心理要素，处于最佳学习状态，产生对新知识探求的迫切心情。如果没有学生的独立思考和探究，也就不能实现知识和能力的转化，应该使学生学会获得知识的途径和方法，培养问题意识与实验能力，形成主动参与、积极思考的良好学习习惯，通过学生充分的感知收集信息，发现问题，自由大胆地想象探索，使学生主体作用得到充分发挥。价类二维认知模型对元素化合物的研究，是从不同的认识视角研究物质的转化关系，其中涵盖很多需要思考的问题，如从类别转化的角度需要从微观角度考虑离子结合的本质问题、物质的溶解性问题、竞争反应问题、溶液的酸碱性问题等；从价态转化的角度需要考虑氧化性还原性强弱问题、反应体系介质问题、反应的热力学和动力学问题、反应的条件等

问题,通过对一系列问题的思考激发学生的问题意识,提高学生发现问题和解决问题的能力。问题的解决需要寻求证据,需要学生设计实验方案,开展实验研究,从实验中寻找问题的答案,不自觉提高了学生的实验设计、实验操作及实验结论的分析总结、实验评价等实践能力,其中包含着证据推理模型认知、变化观念平衡思想、科学探究创新意识、科学精神社会责任综合素养的发展。

四、教学实践的反思

价类二维图就是以高中两种重要的物质分类依据(化合价、常规分类)建立的二维图表,然后将常见、常用的该元素的化合物填入图表中形成的一种重要的化学元素及其化合物学习的能力思维导图。这类图表不仅可以将元素化合物知识从物质的"点"联系到物质间的转化的"线",还能进一步拓展到该元素及其重要化合物的结构、性质和应用的"知识面",从而增强了知识拓展性和迁移功能,增强了化学学科知识的体系性。同时这类图表也可以提高学生的思维能力,帮助学生形成独立、自主探究元素化合物的一般思路和方法。所以价类二维图是新教材下元素化合物知识教学的有效手段,充分解决了教材中元素化合物知识散(哪儿都有)、记忆难(不理解方程式的原因和意义)、容易忘(感觉用得少)、不会用(陌生信息难处理)的难题。

价类二维图的本质就在于按照学习规律构建知识体系。知识体系的构建一般有三种逻辑。第一种是按研究对象本身的内在联系构建知识体系,这种知识体系有利于指示事物本身化规律性,但有深奥难懂的特点。第二种是按人类历史进程中对研究对象的认识过程构建知识体系,这种知识体系的优点是切合人类(不是某个人或某类人)的历史,缺点是过于繁杂,包含着太多的非本质的内容。第三种是按照学生的认知规律构建知识体系。

随着高中化学新课程在全国的实行,给传统的元素化合物知识的教学带来了挑战。现行的新教材打破了传统的"物质中心模式",不再束缚于从结构、性质、存在、制法、储存、用途等方面系统地研究和学习物质,更多地考虑内容的切入、难易度等是否符合学生的认知特征,充分重视从学生已有的经验出发,引导学生学习生活、生产中的常见物质,将物质的学习融入有关的生活和社会的问题分析解决中,体现化学物质社会应用价值,却淡化了学科知识的体系性和系统性。当前,元素化合物知识的教学问题众多,存在着严重的"少、慢、差、费"等现象,学生普遍感到元素化合物知识"繁、乱、杂、难",教师罗列化学反应式时,学生死记硬背化学方程式,难以实现"形成独立、自主探究的意识",通过学习具备了较强的"分析、解释和解决简单实际问题的能力"等提高学生能力的目标。在有限的教学时间里,如何让学生掌握具体元素化合物的知识呢? 自主地将掌握的这些有限的具体知识点串成线、连成片,增强知识拓展性和迁移性功能;让学生自动形成自主研究元素化合物的一一般思路和方法。基于自己的教学实践及一定的文献研究,笔者认为新课程改革中教学要紧紧围绕化学核心素养,形成学生证据推理与模型认知能力,价类二维图就是一种能有效帮助学生构建元素化合物知识网络的思维模型。

下面是提供的两种较为常用有效的"价类二维图"的模板,以非金属氯为例,供大家参考。

模板一:价类二维图表,如表10.4所示。

表10.4 价类二维图表

化合价	-1	0	+1	+3	+4	+5	+7
单质		Cl_2					
氧化物			Cl_2O	Cl_2O_3	ClO_2	Cl_2O_5	Cl_2O_7
氢化物	HCl						
含氧酸(碱)			HClO				$HClO_4$
盐	$NaCl$、$CaCl_2$ $FeCl_2$、$FeCl_3$ $CuCl_2$ …		NaClO $Ca(ClO)_2$			$KClO_3$	

模板二:氯的价类二维图,如图10.9所示。

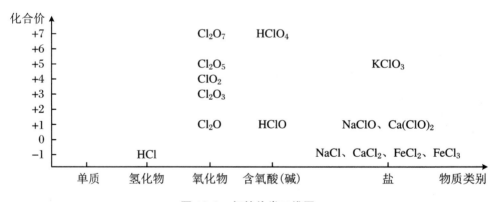

图10.9 氯的价类二维图

基于学生在学习元素及其化合物在化学新课中,呈现出知道的物质少、物质间联系弱、分类意识差等问题,所以笔者认为在此阶段价类二维图法在教学中应该达成的目标是让学生寻找和识别物质,进行物质的二维分类,并能以价类二维图本身为情境实现物质间的联系和物质变化方面的发展,从而学生可以利用价类二维图提升思维能力。

1. 在 Na 元素及其化合物的教学过程中价类二维图运用做法和设计案例

《Na 元素及其化合物的教学设计》部分内容	突破层面	达标要求
一、结构分析 【Na 及其化合物性质预测】 1. 结构分析:Na 原子和 Na⁺ 的结构示意图如图 10.10 所示。 Na (+11) 2 8 1　　　Na⁺ (+11) 2 8 图 10.10　Na 原子和 Na⁺ 结构示意图 从原子结构角度分析:Na 易_____电子,常作_____,能与常见_____剂(_____、_____)反应。	学生活动	形成物质的结构观
2. Na 及其化合物的价类二维图表,如表 10.5 所示。 **表 10.5　Na 及其化合物的价类二维图表** 	物质分类	化合价	0	+1
---	---	---	---
单质			
氧化物			
碱			
盐	过氧化物		
	正盐		
	酸式盐				教师设计	建立二维图坐标框架
寻找 Na 及其重要的化合物并根据物质分类和化合价填入表 10.6 形成较为完整的价类二维图表。 **表 10.6　Na 及其重要化合物的价类二维图表** 	物质分类	化合价	0	+1
---	---	---	---
单质		Na	
氧化物			Na₂O
碱			NaOH
盐	过氧化物		Na₂O₂
	正盐		NaCl　Na₂CO₃·10H₂O
	酸式盐		NaHCO₃		学生活动	(1) 寻找和识别物质; (2) 利用已有知识对常见 Na 及其化合物进行二维分类

续表

《Na 元素及其化合物的教学设计》部分内容	突破层面	达标要求
二、金属 Na 的性质		
【连一连】请利用上面二维图以物质 Na 为中心与其他化合物进行连线判断（要求连线能提出反应转化的可能）。 Na → Na$_2$O 　　→ NaOH 　　→ Na$_2$O$_2$ 　　→ NaCl	学生活动	
【问题一】Na → Na$_2$O，Na$_2$O$_2$，Na 与 O$_2$ 反应会生成哪种产物呢？ 【问题二】Na —→ NaOH 的反应是否属于氧化还原反应？选择水作为氧化剂可以吗？那还会生成什么产物？如何用实验检验你的预测？	教师创设情境	指导学生发展转换物质时应该注意的事项
【写一写】利用价类二维图的直观信息，写出 Na 与 Cl$_2$、O$_2$ 和 H$_2$O 反应的化学方程式。 【断一断】哪个反应方程式重要且难写？注意事项是什么？	学生完成	以价类二维图本身为情境，实现物质间联系和物质发展
【实验探究】1. Na 在加热和不加热两个条件下与氧气的反应比较。 2. Na 与水反应，并从 Na 与水反应的现象中概括金属 Na 的部分物理性质。 【谈一谈】实验现象带给自己的感受和反思。	学生活动	利用实验的方法探究物质的性质，进一步体验用价类二维图推断正确后的成就感，加深对化学的热爱，提高化学思维能力的内动力

续表

《Na 元素及其化合物的教学设计》部分内容	突破层面	达标要求
【思考】在价类二维图中寻找含 Na 化合物存在最稳定、最多的物质是什么？	学生讨论	利用价类二维图的直观性线索结合学生已有经验引发学生的拓展性思维
【小组讨论】如何制备金属 Na？如何保存金属 Na？要是保存不当，会如何变质形成稳定物质过程？写出相关方程式。		

而且此价类二维图在其接下去的 Na 的化合物过氧化钠、氧化钠、氢氧化钠和钠盐性质研究中可以继续复习延用，实现了物质和知识的联系性。当然对具体以各个物质为中心的性质教学过程和其他元素及其化合物的性质教学过程的相似做法和设计此处不再赘述。无论是教师的教学过程，还是学生的学习过程碰到难题都可以在价类二维图这个直观的学习工具的帮助下找到答案，为了证明这一观点我还想再举一个例子。在 NaOH 性质教学中，许多同学会在 NaOH 与 CO_2 反应书写上出现问题。下面是我的处理方法。

教学设计	突破层面	达标要求
【设疑】NaOH + CO_2 反应会生成什么产物？能否对上述反应物进行正确分类和分析？	教师引导	设置问题，引起学生的思维分析
NaOH + CO_2 碱 + 酸性氧化物	学生活动	回归物质分类分析
1. 碱 + 酸 ══ 2. 碱 + 酸性氧化物 + 水 ══ 3. 碱 + 酸性氧化物 ══ 盐 +（水）	师生互动	凸显物质分类与物质性质之间的关联与推理
请在 Na 元素的价类二维图中寻找符合 NaOH + CO_2 生成产物盐的物质并书写对应的方程式。 $2NaOH + CO_2 == Na_2CO_3 + H_2O$ $NaOH + CO_2 == NaHCO_3$ 将两种产物盐进行再分类加以区别，从反应物的量比上再做分析，完善方程式的量比因素。 $2NaOH(过) + CO_2 == Na_2CO_3 + H_2O$ $NaOH + CO_2(过) == NaHCO_3$	学生活动	利用价类二维图法实现物质及其变化的直观检索，引发更深层次的思维和能力的提升，最终实现难点的突破

总之，在元素及其化合物新课教学过程中，要注意化合价和物质类别是价类图的两大核心，明确元素所能形成的价态和物质类别后，建立起该元素的物质体系，然后再基于转化，把它们之间相关联，形成知识网络体系，不仅能使学生加深对所学知识的记忆，而且有利于思维发散能力的培养。碰到陌生的化学物质时，能自觉地对该物质进行分类，并根据它与其他类物质之间的相互转换关系预测该物质所具有的性质。帮助学生建立知识体系，培养发散思维的能力是我们这个阶段教学的主要目标。

2. 在 S 元素及其化合物的教学过程中价类二维图运用做法和设计案例

环节 1："引"——硫及其化合物的基本性质梳理。

学生用价类二维图表示硫元素的常见价态与代表物（氢化物、单质、氧化物、含氧酸、盐）。

【设计意图】让学生养成通过类别学习元素化合物知识的习惯，使学生看到一个物质能够联想到其类别及通性。

环节 2："展"——学生归纳、梳理 SO_2 的性质。

【学生活动】预测以下实验现象并解释（用化学方程式表示）。

（1）SO_2 水溶液中加入品红。

（2）SO_2 水溶液中加入酸性高锰酸钾。

（3）SO_2 水溶液中加入滴有酚酞的 NaOH 溶液。

（4）SO_2 水溶液中加入碘水。

（5）SO_2 水溶液中加入 Na_2S 溶液。

环节 3："探"——SO_2 实验室制法。

请设计 SO_2 的实验室制备方案。

要求：制备干燥的 SO_2 气体，并进行尾气处理。

已知：SO_2 为既有氧化性又有还原性的可溶性气体。

限选试剂：稀硫酸、浓硫酸、盐酸、稀硝酸、Na_2SO_3 固体、$NaHSO_3$ 溶液、$NaHCO_3$ 溶液、NaOH 溶液、碱石灰。

限选仪器：分液漏斗、圆底烧瓶、烧杯、漏斗、洗气瓶、干燥管、导管。

（1）选择制备 SO_2 的最佳试剂，书写反应方程式：_____。

（2）请选择必需的装置，正确的气流方向连接顺序为_____（填仪器接口的字母编号）。

（3）标明各装置中试剂种类。

【设计意图】让学生对气体的制备装置、除杂试剂的选择、收集装置、尾气处理装置有较完整的认识，从而更容易读懂较为复杂的实验装置图，体会评价实验方案优劣的一些思维角度。

环节 4："探"——SO_2 的检验方法。

图片展示：人教版化学必修第二册第 5 页图 5-5——浓硫酸与蔗糖反应。

【思考与交流】

（1）实验过程中，黑色固体的主要成分是什么？

（2）黑色固体为何膨胀？

（3）如何检验碳与浓硫酸反应后的产物？

环节5："探"——SO_2性质拓展实验。

预测以下实验现象并解释。

（1）SO_2气体通入$BaCl_2$溶液中，有何现象？解释其原理。

① 体系中是否存在SO_3^{2-}？请从沉淀溶解平衡的角度解释，为何体系中不产生$BaSO_3$沉淀？

② 如果要生成$BaSO_3$沉淀可以采取哪些措施？

（2）SO_2气体通入$BaCl_2$溶液后，再滴加少量H_2O_2，有何现象？用一个离子方程式解释其原理。

（3）SO_2气体通入$Ba(NO_3)_2$溶液后，有何现象？用一个离子方程式解释其原理。

四、价类二维图法应用的困惑

通过上述价类二维图法在元素化合物教学中的实践和反思，笔者也感觉有一点困难非常明显。就是新课标和高考政策下，学考和选考要求的不同，我们引导学生完成的价位二维图物质的丰富、拓展和删除的度上把握不是很拿捏得准，一方面我们希望知识（至少常见物质）系统性和完整性；另一个方面课程指导意见的基本要求和发展要求以及有限的课时也让我取舍难作定夺。所以也希望更多的同仁们在能提出价类二维图法在元素化合物教学与新课标和高考政策要求的适合度方面做出探究，将价类二维图法积极更好地为我们所应用，我相信我们的教学会有更大的突破。

希望以上个人观点在为丰富学科体系的同时，更能给予同仁们些许启示，以帮助大家更准确地把握新课标的内涵，更灵活地、有的放矢地开展元素化合物的教学工作，从而促进中学化学课程"提高学生科学素养"的总目标的实现，推动化学学科素质教育的深入开展。

参 考 文 献

[1] 毕华林,卢巍.化学基本观念的内涵及其教学价值[J].中学化学教学参考,2011(6):3-6.

[2] 毕华林,万延岚.化学基本观念:内涵分析与教学建构[J].课程.教材.教法,2014(4):76-83.

[3] 陈廷俊.化学模型认知的内涵和教学实践[J].江苏教育研究,2019(16):68-71.

[4] 何彩霞.引导学生从元素视角认识物质及其转化:以"金属及其化合物"教学为例[J].化学教学,2013(9):27-29.

[5] 刘兵,王鲁凤,孔德顺,等.浅谈《水溶液中的离子平衡》的观念建构教学[J].产业与科技论坛,2020,19(22):160-161.

[6] 邵芳德.问题情境创设在高中化学教学中的价值及途径[J].中学化学教学参考,2021(4):14-15.

[7] 宋心琦.课程标准高中化学(必修)元素化学教学之我见[J].化学教学,2012(3):3-7.

[8] 孙曙辉,刘邦奇.基于动态学习数据分析的智慧课堂模式[J].中国教育信息化,2015(11):4.

[9] 王军翔.以"思维发展"为抓手实现"核心素养"教育[J].中学化学教学参考,2018(13):1-3.

[10] 王磊.基于核心素养的化学学科能力研究[M].北京:北京师范大学出版社,2017:420-423.

[11] 吴星.高中化学核心素养的建构视角[J].化学教学,2017(2):3-7.

[12] 郑艳改.高中化学新课程教学中问题情境创设策略研究[J].学周刊,2019(2):23-24.

[13] 中华人民共和国教育部.普通高中化学课程标准(2017年版)[M].北京:人民教育出版社,2019.

[14] 中华人民共和国教育部.义务教育化学课程标准(2011年版)[M].北京:北京师范大学出版社,2012.

[15] CHANDRASEGARAN A L, TREAGUST D F, MOCERINO M. An evaluation of a teaching intervention to promote students'ability to use multiple levels of representation when describing and explaining chemical reactions[J]. Research in Science Education,2008,38(2):237-248.

[16] GILBERT J K,TREAGUST D. Introduction:macro,submicro and symbolic representa-

tions and the relationship between them: key models in chemical education[M]//GILBERT J K, TREAGUST D. Multiple Representations in Chemical Education. New York: Springer, 2009: 1-8.

[17] JOHNSTONE A H. The development of chemistry teaching: a changing response to changing demand[J]. Journal of Chemical Education, 1993, 9(1): 701-705.

[18] TALANQUER V. Macro, submicro, and symbolic: The many faces of the chemistry"triplet"[J]. International Journal of Science Education, 2011, 33(2): 179-195.